ド
3 が
主流

アマモデル
球が上がりやすくてつかまりがよく、ミスヒットへの寛容性が高い
中間モデル
ブランドのスタンダードとなる中間的で幅広い層に合うモデル
プロモデル
コントロール性が高い、もしくは低スピンなど、ハードヒッターや上級者向け
EPIC SPEED
EPIC MAX
EPIC MAX LS

ネック調節機能は好みの顔にするためにも効果的

ネック調節機能は、フェースアングルを変えることで好みの顔に調節するうえでも非常に有効な機能だ

打感はプレーヤーの“好み”が大事。気持ちいいものを選ぼう

打感はフィーリング。自分が気持ちよく感じるものを選ぼう。気持ち悪いものを使っているとスイングにも悪影響が出る

カスタムシャフトはスピードアップに有効

Shaft

シャフト

シャフトは、「飛びの3要素」のうち、スイングスピードをアップさせることでボール初速を上げることに貢献する

フェアウェイウッド

Fairway Wood

FW選びは
ロフト何度なら
打てるのかを
考えよう

ロフト15度ではティアップしないと一般アマチュアでは十分なキャリーが出せない場合が多い

ラフからも使うFWは
ソールの抜けも大事

ウッド型UTの顔のイメージはさまざま

アイアンの形状は大きく分けて4タイプ

マッスルバック

バックフェースに凹みがない。操作性が高くスピンの多い弾道でグリーンに球を止めやすいがミスへの許容性は低い

プロキャビ

バックフェースの凹みが浅い。操作性や打感、スピン性能などを確保しながら、多少の寛容性を付与したモデル

中空

ヘッド内部が空洞になってお
り縦方向の慣性モーメントを
大きくしやすい。やさしさの
わりにシャープな顔にできる

ポケキャビ

バックフェースがポケット状
にえぐれている。ミスヒット
に強く球も上がりやすい。超
飛び系もこのタイプが多い

ウエッジ
Wedge

ウエッジは
4本セッティングが
当たり前

14本のうちにウエッジを4本入れるのはPGAツアーでも当たり前になっている。スコアメイクのためにはぜひ取り入れてほしいセッティングだ

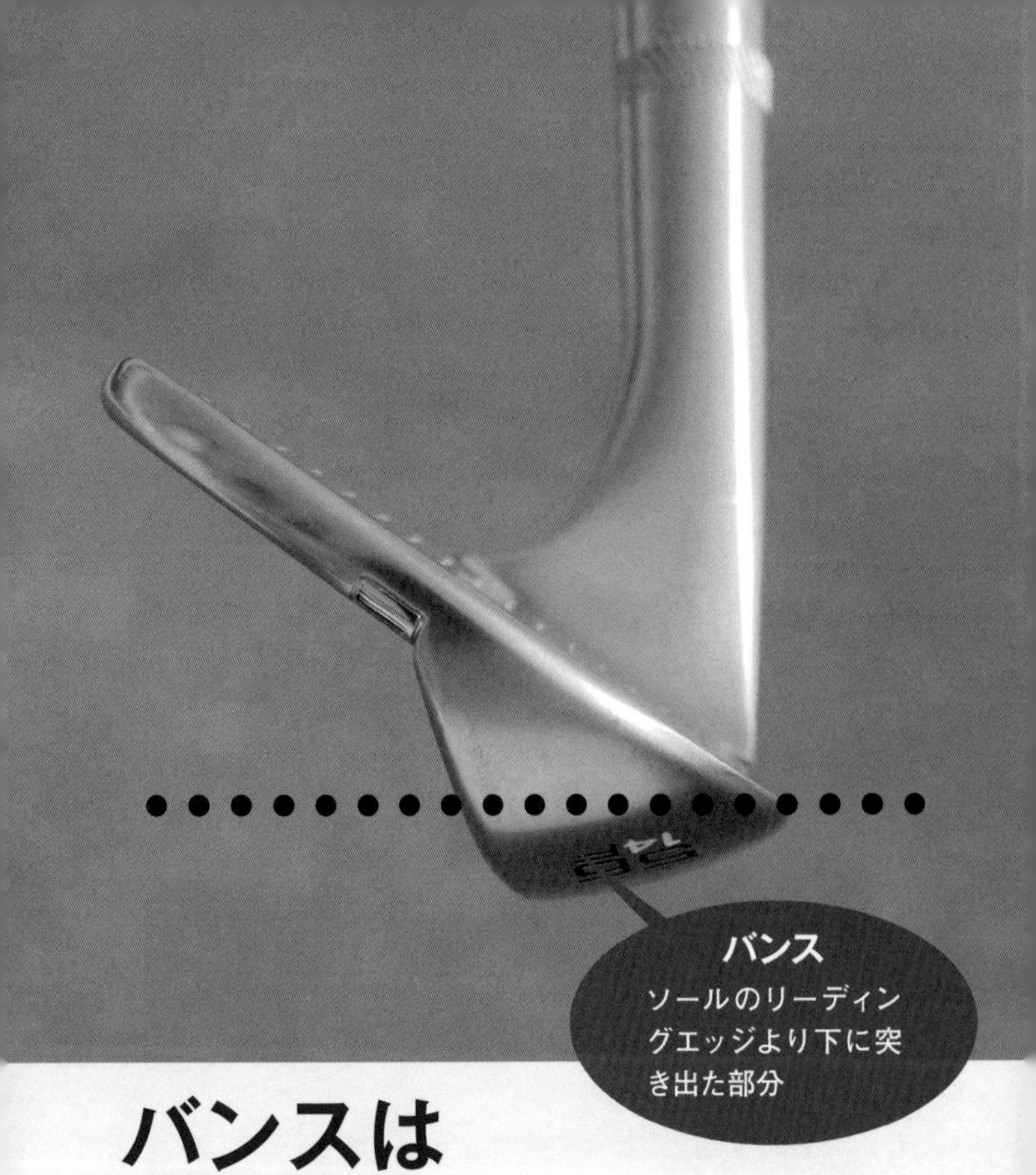

バンスは
ミスを防いでくれる
お助け機能

インパクト前後でソールが地面に潜るのを防ぎ、ザックリなどのミスを軽減するほか、バンカーショットでも必須の機能

パターは“真っすぐ”構えやすいものを選ぼう

パターは「狙ったところに真っすぐ構えられる」ことがとても重要。自分がどこに“真っすぐ”を感じるのかを知っておくとパター選びを失敗しにくい

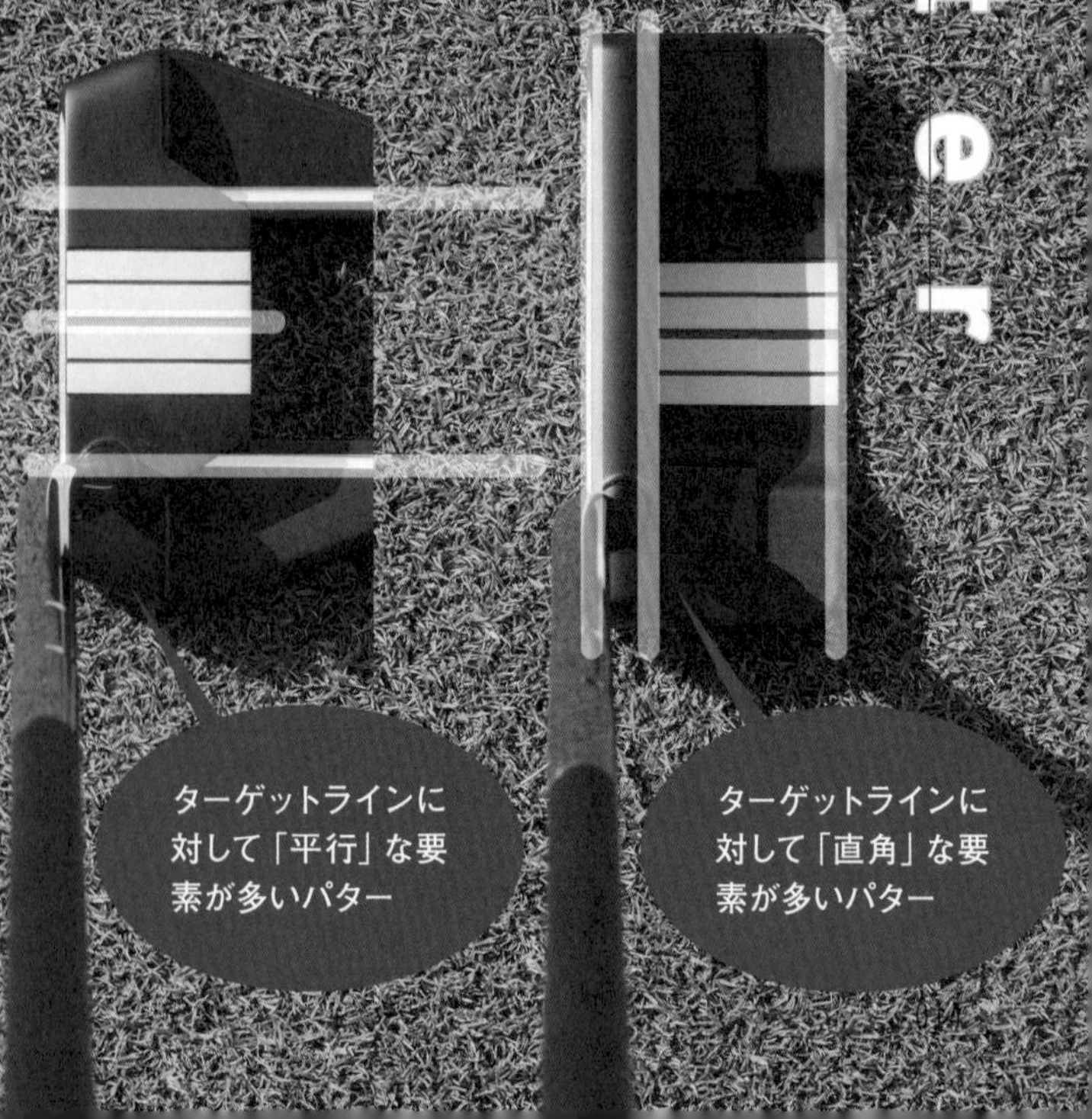

ネック形状も
ストロークに影響する

重心距離が長いL字やスラントネック、クランクネックはアーク軌道に、重心距離の短いベントネックやセンターシャフトはストレート軌道に合いやすい

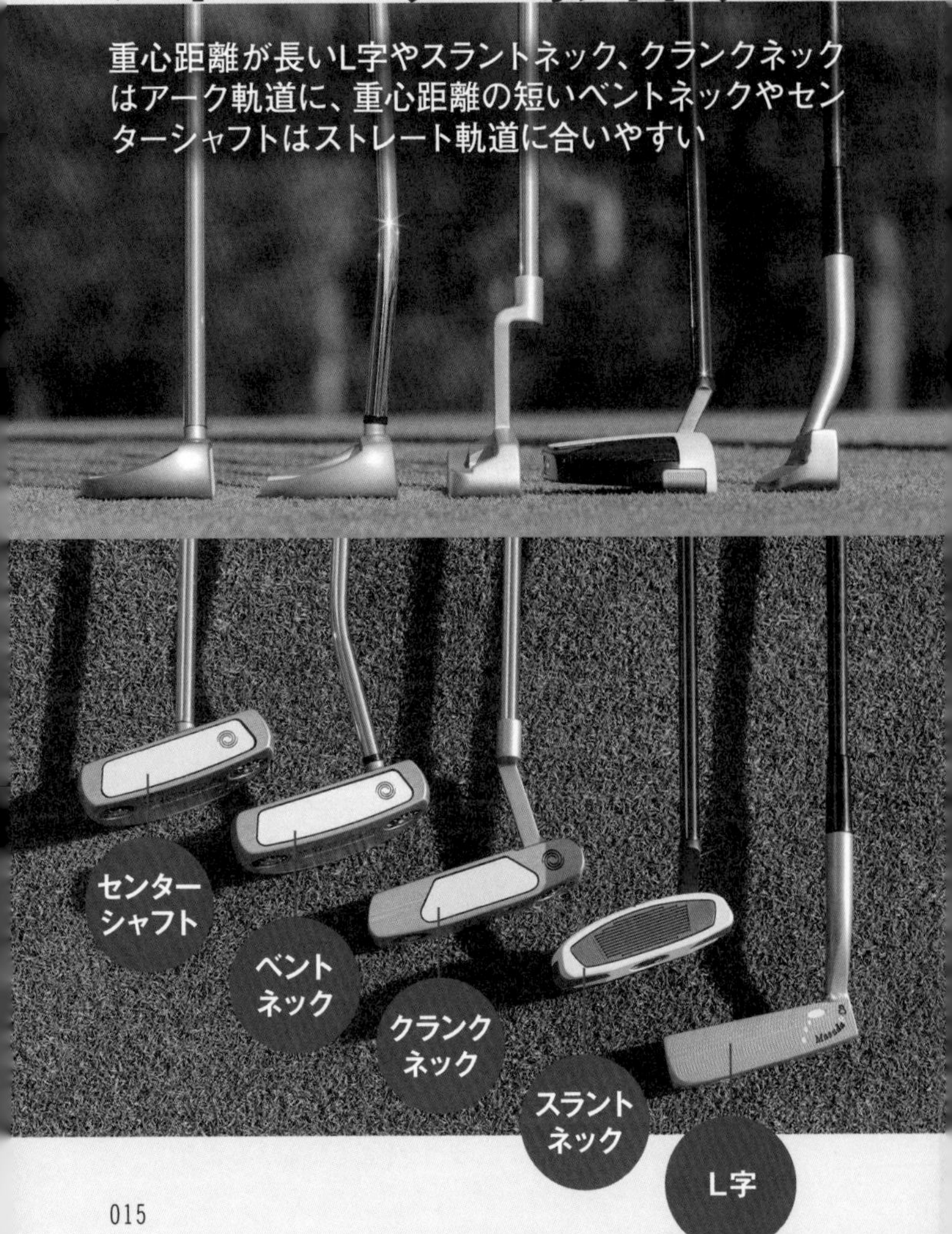

クラブを自己採点して弱点をあぶり出そう!

結果	使用回数	自己採点	備考
スライスして右手前	4回	60点	構えて不安アリ

- 「結果」はどちらに曲がったかや出たミスなどを記入
- 「使用回数」は1ラウンドで何回使ったか
- 「自己採点」は使った結果を総合的に判断して採点

※このページをコピーして、ラウンドごとに記入しよう!

ラウンド後に、バッグに入っている各クラブについて、自己採点を行おう。実際の飛距離はどうだったのかを記入することでミスとナイスの幅が明確になる。用途と結果をメモすれば、どんな場面で使い、どんな結果になったかが客観的にわかる。ラウンドでの使用回数も加味し、総合的に自己採点すると、弱点や必要のないクラブが明確になる。

クラブ自己採点表

例

番手	飛距離	使用場所	用途
4UT	165Y〜190Y	フェアウェイ、ラフ	グリーンを狙う

- ラウンド後に、各クラブの使用状況について振り返って記入しよう
- 「飛距離」は実際に飛んだ距離の幅を記入。ミスを含む
- 「使用場所」はどんな状況から使ったかを記入
- 「用途」は狙うのか、飛ばすのか、トラブルなど、どんな用途で使ったを記入

鹿又芳典のセッティング

セッティング
Setting

ＦＷは５Ｗ１本だけ。ウッド型２本とアイアン型１本の計３本のＵＴを入れ、アイアンは６番から。ウエッジを４本入れている

1W	10.5度
5W	18度
#2UT	18度
#3UT	21度
UT	23度
アイアン	6I～PW
AW	50度
SW	56度
LW	60度
PT	

はじめに

みなさんはご自分のゴルフクラブをどのように選んでいますか？　雑誌やネット、SNSでの評判や口コミでしょうか。それとも憧れのプロが使っているから？　ゴルフクラブは趣味の道具ですから、どんな選び方をしてもOK。自分がほしいもの、使いたいものを買って使うべきだということは、絶対的な真理です。

しかし、スコアを出したい、試合や競技でいい結果を出したいと思っている人にとっては、残念ながらそれでは不十分です。自分のほしいクラブが必ずしも自分に合ったクラブだとは限りませんし、プロが「最高！」と評価したクラブがアマチュアにとっても扱いやすいものではないケースもあります。さらに言えば、一般的に「高性能」と言われているクラブが、あなたのスコアアップのためには邪魔になることだってあり得ます。

スコアアップをクラブの面から考えるなら、クラブのせいで生じていた余計なミスをなくし、ストロークの平均点を上げることが大事。そのためには、自分のプレースタイルやスイング、ミスの傾向などに合致したクラブを選んで14本のセッティングを組むことが非常に重要なんです。

本書は、スコアをもっとよくしたいと思っている方のために、クラブ選びによってスコアアップのお手伝いをすることを目的としています。「たかがクラブでそんなにスコアが変わるとは思えない」という方もいるかもしれませんが、私の目から見れば、アマチュアゴルファーのほぼ１００％が、クラブを見直すことでスコアアップが図れると感じています。事実、私のお客さんのなかには、クラブを換えて大幅にスコアアップした方がたくさんいます。

これは、「ものすごく飛ぶクラブ」とか「どこからでもグリーンに乗っちゃうアイアン」というような魔法の道具を買ってもらったわけではありません。14本のセッティングの中から使い道のないクラブを抜いて必要なクラブを足したり、自分に合っていなかったクラブを自分に合うものに換える、漠然と選んでいたクラブを意図と目的のあるものに変更するといった作業を経て、18ホールのプレーのなかで出る「クラブが原因で起こる無駄な１打」を減らした結果、スコアがよくなったということ。当然本書も、「こういうドライバーが飛ぶ」とか「これがいいアイアン」「入るパターはこれ」というような秘密をお教えする本ではありません。どちらかというと、みなさんのスコアアップにつながるクラブ選びの考え方、そのための気づきを提案するような内容がメインになっています。

第1章から第5章までは、ドライバー、FW&UT、アイアン、ウエッジ、パターそれぞれについて、クラブのもつ機能や特性、形状別の特徴などを説明していきます。やはりクラブを正しく選ぶためには、土台として正しい知識が不可欠です。そのうえで、各カテゴリーについて、どういった考え方に基づいてクラブを選べばスコアアップにつながるかを説明します。

そして第6章では14本のセッティングの組み方について考えます。14本という限られたリソースでスコアをまとめるには、何を重視し、どういったクラブを選ぶべきか。ここが整理されてくれば、スコアはクラブによって確実によくなります。

ゴルフクラブは決して安い道具ではありません。せっかく買うのなら、それがスコアアップにつながるほうがいいですよね。そしてそうやって結果が出てくれば、よりクラブが好きになり、クラブ選びが楽しくなるというサイクルが訪れます。本書が、クラブ好きのみなさんにとって、ゴルフがさらに楽しくなる手助けとなれば幸いです。

鹿又芳典

誰でもスコアアップできる！

クラブ選び＆セッティング術

目次

TOPICS

CONTENTS

第2章 フェアウェイウッド＆ユーティリティ 081

CONTENTS

第5章 パター 149

第6章 14本のセッティング 173

編集協力　鈴木康介
写真　高橋淳司、田辺安啓（PGAツアー）
装丁・本文デザイン　鈴木事務所
DTP　加藤一来
取材協力　ジャパンゴルフ

第1章

DRIVER
ドライバー

第1章
ドライバー
DRIVER

ドライバーってどんなクラブ？

ドライバーはご存じのように14本のなかでもっとも長さが長く、パターを除いた13本のなかでもっともロフトが少ない、もっとも飛距離の出せるクラブです。現在の男性用市販モデルでは、長さが45〜46インチ前後、ロフトが9〜11度前後のものが一般的と言えるでしょう。

そのためティショットのメインクラブとなり、なるべく遠くに飛ばせる飛距離性能が求められます。とくにアマチュアにとっては、4つのパー3を除くほぼすべてのティショットで使用するため、18ホールで合計14回使う、おそらくパターの次に使用回数の多いクラブです。

詳しくは第6章のセッティングのところで述べますが、私はドライバーはスコアメイクにおいてもっとも重要な位置を占めるクラブだと考えており、それはPGAのデータでドライバーの「ストロークゲインド」（スコアへの貢献度）がもっとも大きいことでも証明されています。そして、ドライバーを曲げてスコアを崩すことの多いアマチュアにとっては、スコアへの影響力がさらに顕著なんです。

また、商品としてもっとも売上本数が多いジャンルで、マーケットが大きいため、各メーカーが開発にしのぎを削っており、毎年どんどん新しい技術を用いた最新クラブが発売されています。

その意味では、いろいろなモデルがあって自分に合った1本を探すのがむずかしいという側面もありますが、それ以上に選択肢が豊富で自分に合ったクラブが必ず存在するというメリットが大きく、クラブ選びが成果に結びつきやすいと考えるべきでしょう。

だからこそ、流行りや評判に流されずに、自分に合ったクラブを冷静に判断してチョイスすることがとても大事です。世間で「飛ぶ」と評判のクラブが、必ずしも自分が使って飛ぶクラブだとは限りませんし、仮に飛んだとしてもスコアアップには直結しません。

この章ではドライバーの機能や選び方について細かく説明していきますが、前述のように近年の機能的進化が著しいジャンルでもありますので、数年前に「常識」と考えられていたようなことがいまでは省みられなくなっている部分も多々あります。頭の中の予備知識は一度捨てて、新たな気持ちで読み進めてほしいと思います。

ドライバーの進化の歴史

ドライバーは、数あるゴルフクラブのなかでももっとも進化が著しいクラブです。さまざまな最新技術がどんどん取り入れられ、つねにトレンドが変化し続けています。まずはその歴史を遡りながら、機能面での進化を追ってみましょう。

ドライバーは、長くパーシモン（柿の木材）でヘッドが作られていましたが、１９７０年代末にメタル（ステンレス）製のヘッドが登場し、90年代に入るとヘッド素材はチタンへと変わっていきます。チタン製で中が空洞のヘッドは、インパクト時にフェースがトランポリンのようにボールを弾くため、従来のものと比べると圧倒的に速いボール初速を出すことができました。

このフェースの反発効果を高めるためには、フェース面を薄く大きくすることが重要です。そのため90年代半ばから、ドライバーのヘッドは大型化が進んでいきます。どのメーカーも、ヘッドの大型化と並行して素材を工夫してフェースを薄くしたり、カップフェースやカーボンクラウンなどの新技術の採用で、「高反発」を謳うクラブが続々と登場しました。

しかし、ドライバーの「飛びすぎ」を懸念するR&A（英国ゴルフ協会）がヘッド体積とフェースの反発係数の規制に乗り出したことで、このドライバー開発競争にも大きな変化が生じます。

高反発に代わって注目されるようになったのが、ヘッドの重心位置です。フェースの反発に制限がかかり初速を上げられないのであれば、弾道の効率化を追求することで同じ初速でより大きな飛距離が出せるようなクラブを作ろうというわけです。ボールの打ち出し角やバックスピン量が最適になるような重心位置が研究されました。

重心研究が盛んになった当初は、重心距離が長めで慣性モーメントの大きいヘッドのほうがフェースターン時のエネルギーを生かして飛ばせると考えられ、投影面積が大きくてトウ側に重心の偏ったモデルがたくさん世に出ました。しかしこれが行きすぎた結果、とにかくつかまらない、右にしか行かないドライバーが量産された時代がありました。

この反動もあり、その後は球がつかまりやすい深重心ドライバーがトレンドになります。しかし深重心になればなるほどフェース面上の重心位置は高くなりやすく、深重心が極端になるにしたがって球が上がりにくいドライバーが増えていきました。

そこで今度は、深重心かつ低重心を目指すことで、つかまりやすく上がりやすいドライバーが主流になってきます。ヘッド後方が薄くなっているシャローバック形状やカーボンクラウンなどは、「深重心かつ低重心」を可能にするデザインとして一般化しました。

近年は弾道解析システムが高度化し、ヘッドスピードごとに最適な打ち出し角やバックスピン量などがわかってきたので、ドライバー開発の方向性も極端なものは求めず、「このくらいの打ち出し角でこのくらいのスピンが入る重心位置」というような目安のもとに、各メーカーが独自のカラーを出すようになってきています。

また、ミスヒット時に飛距離が落ちないことや曲がらないことを追求するのもひとつのトレンドと言えるでしょう。とくに打点が安定しないアベレージゴルファー向けのモデルは、深重心・大慣性モーメント化することでミスヒットしてもヘッドがブレず、かつフェース裏側の肉厚加工などで芯を広げ、平均飛距離のアップを図るのです。

こういった進化の結果、ドライバーは明らかに「やさしく」なっています。かつてのように「打ちこなす技術」は必要なく、シンプルにスイングすれば高弾道・低スピンの飛ぶ弾道が得られるようになっているのです。これによって、球を自在に曲げて弾道をコントロールする技術よりも、オンプレーンにできるだけ速く振ることで、曲げずにより遠くに飛ばす技術にメリットが大きくなっていると言えるでしょう。

初代ゼクシオ

（2000年発売／
ヘッド体積305cc）

ゼクシオ11

（2019年発売／
ヘッド体積460cc）

ルールの変化により、ドライバーも「打ちこなして飛ばす」ものから「シンプルに振ったときに飛ぶ」ものへと変わってきている

「深・低重心&大慣性モーメント」がトレンド

　こういった歴史を経て、２０２１年現在のドライバーのトレンドは「深・低重心&大慣性モーメント」にあります。深重心で球がつかまりやすく、低重心で上がりやすい。そして大慣性モーメントでミスヒットに強いドライバーが人気ということになります。

長さは45・５インチ前後が標準的です。長いほうがヘッドスピードを稼ぎやすいという側面から飛距離を求めてドライバーの長尺化が進んだ時代もありましたが、結局現在は飛距離と振りやすさとのバランスがとれた46インチ以下が主流となっています。

　ドライバーの平均的な重さは、以前と比べて明らかに軽くなっています。大きく分類すると総重量２９０g以下の軽量モデルと、３００g以上の重量級モデルに大別できる感じですが、両者の差は小さくなっており「近い範囲での二極化」という状況にあると言えるでしょう。しかし両者の差が小さいせいで、クラブ選びの面である種のむずかしさが生じているのも事実です。

ドライバーの平均的な長さは、一時期よりも若干短くなり、現在は45.5インチくらいが標準的

ドライバーのモデル展開

クラブのモデル展開は、かつては重くて球が上がらずつかまらない「プロモデル」と、軽くて球が上がりやすくつかまる「アマモデル（アベレージモデル）」に分かれるイメージでした。しかしいまは、ヘッドが全体的に「上がりやすくつかまりやすい」方向に向かっているので、昔ほどモデルごとのハッキリした差がなくなっています。

その意味では、球が上がりやすくつかまりやすくミスに強いという部分が強調された「アマチュアにやさしい」モデルをベースに、上がりすぎない（吹き上がらない）、つかまりすぎない（引っかけにくい）といったニュアンスや、ある程度の操作性が付加された「プロにも使える」モデルがあるという構図になっていると言えるでしょう。

そのため、昔のようにどちらかのモデルがどちらかのユーザーにとって「どうにも使えない」ということが少なく、アマがプロモデルを使っても、プロがアマモデルを使ってもそこそこの結果が出せる（出てしまう）ため、クラブ選びがむずかしくなっているという

ドライバーは3モデル展開が主流。つかまって上がるアマモデル、低スピンで操作性の高いプロモデル、その中間的なモデルという構成が多い

側面もあります。

さらに実際には、その中間に位置するモデルもあり、3モデル展開でドライバーを作っているメーカーが多くなっています。この中間モデルは、「やさしすぎないアマモデル」側に属する場合と、「やさしいプロモデル」側に属する場合の両方がありますが、ドライバーの場合は後者の「アマチュアが使いやすいプロモデル」が市場で売れる傾向にあるので、そちらのタイプが多いように私は感じています。

ちなみにアイアンの場合はドライバーとは逆で、中間モデルが「やさしすぎないアマモデル」に属している傾向があるように思います。

「アマモデル」の代表格は「ゼクシオ」

アマチュア向けのモデルは、ヘッドスピード40m／秒前後で、インパクトでフェースが開いてスライスを打つ、バックスピン量の多いゴルファーをターゲットにしています。アマチュアゴルファーの8割はこの層に属すると言えるほどのボリュームゾーンですので、ある意味ターゲットがとても明確です。

この層の代表モデルは、何と言ってもダンロップの「ゼクシオ」シリーズです。20年以上にわたってアマチュア向けモデルの代名詞的存在として売れ続けているブランドで、エンドユーザーをしっかりと見極めて「結果の出る」クラブを作り続けてきました。とくに4代目以降のモデルは、つかまりのよさ、球の上がりやすさ、振り心地、そして金属的でいかにも飛びそうな打球音を兼ね備えており、いまやアベレージゴルファー向けモデルの指標となるクラブと言っていいでしょう。そのため、このカテゴリのクラブ作りにおいては、多くのメーカーがゼクシオを研究し、基準とするまでになっています。

アマモデルの代名詞といえばダンロップの「ゼクシオ」(写真はゼクシオ11)。球がつかまって上がりやすく、弾きのいい金属的な打感が特徴

アマモデルの特徴

ゼクシオに代表されるアマモデルの特徴は、球の上がりやすさとつかまりのよさ、そしてオフセンターヒットのカバー能力です。

新商品の広告などでは、どのモデルもヘッドの飛距離性能を謳って「飛ぶ」ことを強調していますが、実際にアベレージゴルファーの飛距離を伸ばすには、飛距離性能の高いヘッドを使うことよりも、スライスを軽減したり、適正な打ち出し角を稼ぐことによって、ヘッドスピードに対する飛距離のロスを減らすことが有効です。そのため、アマチュアにとって「飛ぶ」ドライバーとは、「球がつかまって上がるドライバー」や「芯を外しても飛距離の落ちないドライバー」と言え、このカテゴリーはそれらの能力を追求するモデルがほとんどです。

このうち、球の上がりやすさはロフト選びによってある程度担保できるのですが、ヘッドの性能面では低重心が重要になります。

もう1つの要因である球のつかまりを実現するためには、いくつかのポイントがあります。1つは重心距離を短くすること。2つめは深重心にするなどして重心角を大きくすること。3つめはライ角をアップライトにすること。これらの組み合わせによりインパクトでのフェースの開きを抑え、球が右に滑るスライス回転がかかりにくい状態を作ります。

そしてオフセンターヒットに対するカバー力は、ヘッドの慣性モーメントを大きくすることと、最近ではフェース裏側の肉厚調整によってオフセンターヒット時でも反発が落ちないようなフェースの採用がカギとなっています。

アマモデルのドライバーの個性は、このどの要因を重視するかによって決まります。さらにヘッドの投影面積を大きくして構えたときの安心感を与えたり、フックフェースにするなどのプラスアルファをしながら、どうバランスを取るかが工夫されています。

またアマモデルのドライバーの多くは、スイング中にフェースが開くなどの悪い動きが生じたときに、それを補う補正効果のあるシャフトが装着されています。修復能力を高めるためにはシャフトが大きく動くほうが有利なので、シャフトに余計な動きをしてほしくない上級者にとってはここがネックになるケースもあります。しかしヘッドの「やさしさ」は上級者にとってもメリットになる場合は多いので、シャフト選びさえ工夫すれば、アマモデルがプロにとっても使えるというケースが多くなっているのです。

プロモデルの特徴

現在のプロモデルは、かつてのように球が上がらない、つかまらない、曲がるというようなむずかしいクラブではなく、「アマモデルと比べて」操作性が高い、スピン量が少なめという感じ。バックスピン量で言うと、アマモデルと比べて300～500rpmくらい少なめ。アマモデルより重心が浅めで操作性が高めなものが多い印象で、上級者が打ったときに適正弾道が出やすいクラブと言えます。

操作性が高いということはヘッドの挙動が敏感ということなので、それを意識的にコントロールできる人にとっては有効ですが、スイングが安定しない人にとっては（アマモデルよりは）球がバラつきやすいということは言えます。

それでも従来のプロモデルドライバーと比べて明らかにやさしいものがほとんどですが、アマモデルと比べるとヘッドスピードが速い人をターゲットにしているモデルが多いので、リアルロフトが少なめで、純正シャフトが重め・硬めという点には注意が必要です。

プロモデルは、アマモデルより重心が浅めで操作性が高め。可変ウエイトなどの弾道調節機能を備えているモデルも多い

中間モデルの特徴

前述のように、最近のドライバーはプロモデルとアマモデルの差が小さいので、「中間モデル」の位置づけはちょっとむずかしくなっています。特徴がないのが特徴と言えるようなモデルが多く、ピッタリハマるユーザー層がハッキリしません。

そのため、初心者でもなく上級者でもないという人が、どんなドライバーを選べばいいかわからないというときに選んでおけばＯＫという「安パイ」的な存在ですが、「最高の結果を出せるドライバー」には出会いにくく、私たちにとってはおすすめしにくいゾーンです。

ただしこのカテゴリーは、上級者があえて「やさしめのクラブ」としてチョイスすることで、メチャクチャ飛ぶわけではないけれど、ストレスなくティショットを打てるクラブとして使えたりもします。もちろん、自分に合ったシャフトを見つけてカスタムすることが前提になりますが、ドライバーが苦手な上級者にとっては意外な可能性を秘めているカテゴリーかもしれません。

PGAツアーのプレーヤーでも中間モデルを使っている選手は多く、プロモデルとの境目があいまいなモデルも多い。松山英樹も「テーラーメイド SIM MAX」を使っていた

「曲がらない」クラブとは

アマチュアゴルファーにとって、「曲がらない」ドライバーがあったら最高ですよね。そんな夢のようなクラブは残念ながら存在しませんが、「曲がりを抑える機能を備えたクラブ」は存在します。

打球の曲がりは、インパクト時にフェースが軌道に対して真っすぐになっていないことが原因です。大雑把に言えば、インパクトでフェースが開けばボールには右方向の回転がかかり（正確にはバックスピンの軸が右に傾く）、ボールは右に曲がってスピン量の多い球になります。反対にフェースが閉じすぎているとボールには左方向の回転がかかり（正確にはバックスピンの軸が左に傾く）、ボールは左に曲がってスピン量の少ない球になります。ですから球の曲がりを抑えるには、フェースの向きができるだけスクエアでな状態インパクトを迎えやすいのが「曲がりにくい」クラブというわけです。

スライスするという人は、切り返し以後にフェースが開こうとするモーメントに負けて、インパクトまでにフェースをスクエアに戻せていません。ですからスライスする人にとって「曲がりにくいクラブ」とは、フェースを閉じる動作を行いやすいクラブ。つまり、一度フェースが開いてしまった状態から、小さな力でトウがヒールを追い越しやすいクラブと言うことができます。

反対に、フックはフェースが過度に閉じた状態でインパクトすることで起きます。なのでトウがヒールを追い越しにくいクラブ、つまりフェースを閉じるのに大きな力が必要になるクラブが「フックしにくいクラブ」ということになります。

基本的に前者は重心距離の短いクラブであり、後者は重心距離が長いクラブ。ですから、シンプルに言えばスライスしにくいクラブはフックしやすく、フックしにくいクラブはスライスしやすいと言え、両者は相反する性能を備えたクラブということになります。したがって、自分がミスしたときはスライスするのかフックするのかを正しく知ることが「曲がらないクラブ」を手に入れる条件ということになります。

アマチュアには「自分はどっちにも曲がる」と言う人がいますが、そういう人にも右か左か必ず基本となる傾向があり、反対側への曲がりはそれを嫌がっての反動です。ラウンド中に最初に出るミスこそが自分のミスの基本傾向なので、それを基準に判断してください。

もう1つの「曲がらなさ」

スライスする人とフックする人で「曲がらない」クラブの特徴は正反対だと言いましたが、実はどちらにも共通するもう1つの「曲がらなさ」も存在します。

それはインパクト時のフェースのブレを抑えてくれるクラブです。アマチュアが球が曲がる理由の大きな要因の1つに、オフセンターヒットがあります。スクエアな向きでインパクトできたとしても、フェースの芯を外して当たった場合、その衝撃でフェースの向きが急激に変わり、球が曲がるのです。そのため、芯を外して打ってもフェースの向きがブレにくいクラブなら、曲がり幅は小さくなります。

オフセンターヒットに強いクラブの条件の1つは「ネック軸まわりの慣性モーメント」が大きいこと。簡単に言えばシャフトを持って竹とんぼのようにヘッドをクルクル回したときに「回りにくい」クラブです。これは傾向としては重心距離が長めのモデルなので、「フックしにくいクラブ」に多いと言えます。

もう1つは「ヘッド左右慣性モーメント」。これは、芯を外したとしてもヘッド自体が、ヘッドの重心を軸に回転しにくい特性です。これは重心が深いクラブに多いので、球が曲がりやすい人は考慮してください。

「回りにくい」クラブはネック軸の慣性モーメントが大きく、フェースが返りにくいので、フックしにくい傾向がある

著しいシャフトの進化

ドライバーに関してはとくに、ヘッドだけでなくシャフトも著しく進化しています。ひと昔前と比べると重さのバリエーションが豊富になり、軽くてもしっかりしたシャフトや重くても硬すぎないシャフトなども出てきて、隔世の感があります。

しかし、シャフトの進化はあくまでヘッドありきです。ヘッドメーカーからの「次にこういうヘッドが出るので、こういうシャフトを作ってほしい」という要望に応える形でシャフトメーカーが新しいシャフトを設計します。

その意味では、最新ヘッドに対してもっとも有効性が高いのが、最新シャフトであるという傾向があるのは間違いありません。もちろんシャフトは、自分のスイングに特性が合っているかどうかもとても重要ですが、ヘッドの性能を最大限に生かせるという意味では、最新シャフトはやはり強く、最新シャフトこそ、もっとも飛ばせる可能性を秘めたシャフトだということは言えると思います。

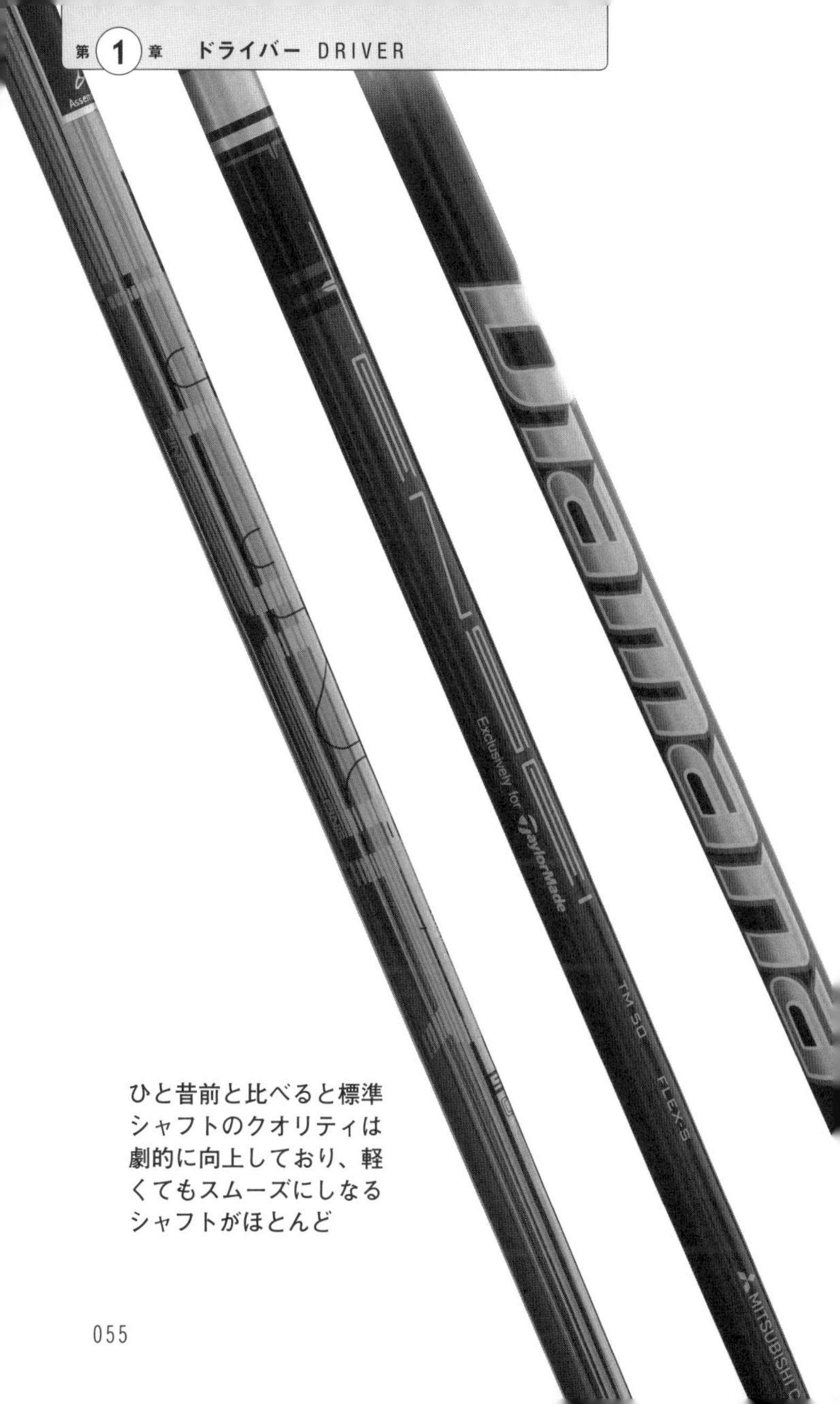

ひと昔前と比べると標準シャフトのクオリティは劇的に向上しており、軽くてもスムーズにしなるシャフトがほとんど

カスタムシャフトはスピードアップに有効

最近はカスタムシャフトが実に豊富で、純正以外のアフターマーケットシャフトにカスタムして使う人は多いと思います。ですが「シャフトを最新のものに換えさえすれば飛ぶ」というようなシンプルなものでないことは理解してほしいです。

基本的な考え方は「最適弾道を作るためにシャフトをどう動かすか」ということです。いちばん飛ぶ最適な弾道は、初速、打ち出し角、スピン量といういわゆる「飛びの3要素」によって決まるということが大前提。そのなかでシャフトがいちばん貢献しやすいのは、同じように振ったときにスイングスピードをアップさせることでボール初速を上げることです。たとえば軽量化、長尺化、バランスポイントの変化などがそれに寄与します。

最近はシャフトの製造技術がどんどん進化していて、50g台以下の軽量に作っても適正な動きをキープできる剛性を持ったシャフトがたくさん出てきているせいで、カスタムシャフトの平均的な重量は以前よりも10gくらい軽くなってきています。

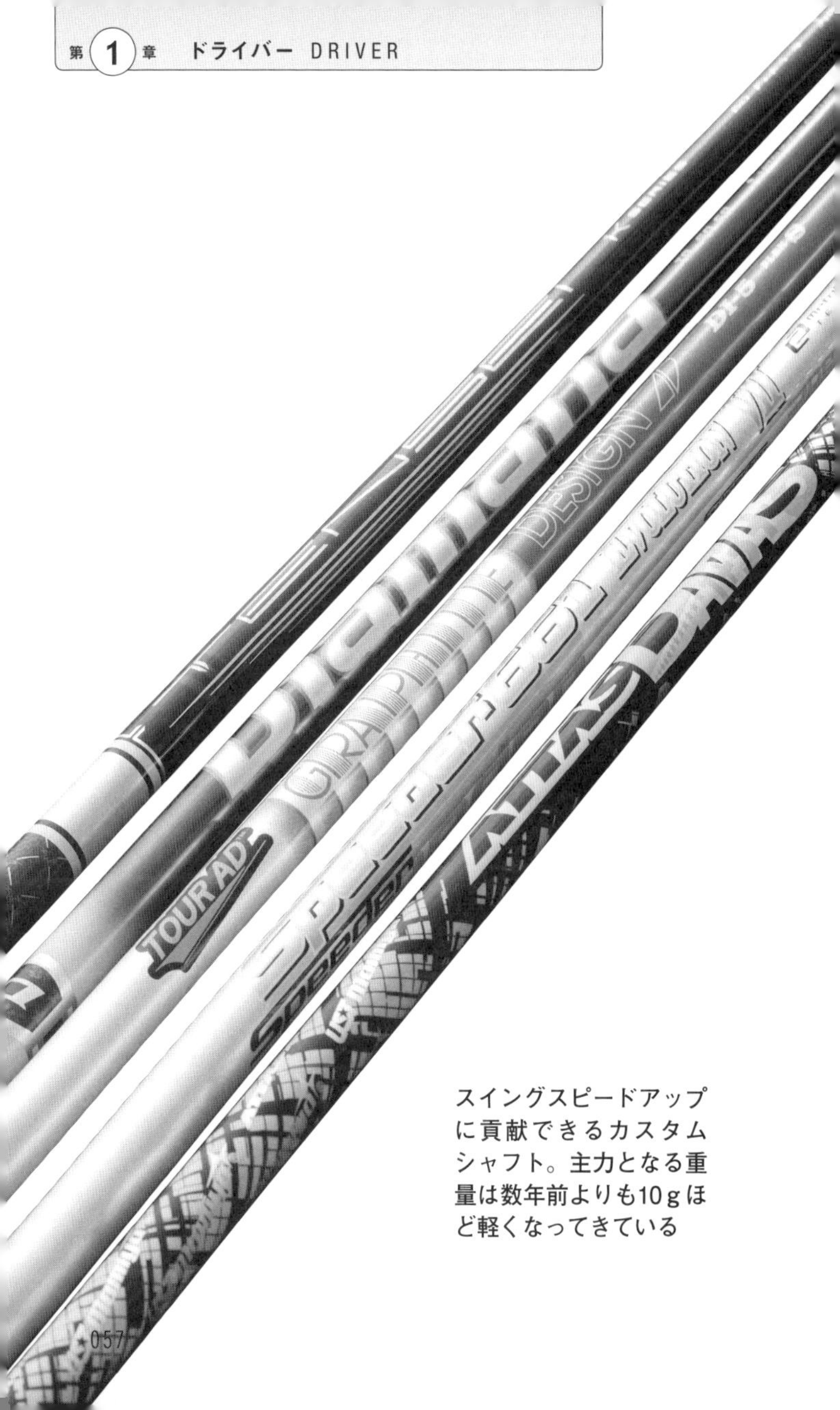

スイングスピードアップに貢献できるカスタムシャフト。主力となる重量は数年前よりも10ｇほど軽くなってきている

カスタムシャフト選びは重さと剛性分布に注意

ヘッドとシャフトは両輪の関係なので、あくまでセットで考えることが必要です。そのため純正シャフトは、ヘッドの性能に対して最適と思われるものが装着されているので、あくまで純正シャフトをベースに考えるべきだと私は思います。ひと昔前は、リシャフトが前提かなと思うようなシャフトが装着されているケースもありましたが、いまはそんなことはありません。

ただし、ヘッドスピードなどの関係で純正シャフトが重量的にマッチしない人はいますので、そういう人はアフターマーケットのシャフトを考慮する必要も出てきます。シャフトはクラブの総重量を左右するパーツでもあるので、リシャフトすることにより、純正では軽かったり重かったりするクラブを、自分に適正な重量にアレンジすることができます。

アフターマーケットのカスタムシャフトを選ぶ際は、この重さと、後述する剛性分布の

2点をよく判断して選ぶことが重要です。

まず重さについて見てみると、カスタムシャフトの重さは多岐にわたっており、モデルによる重量帯の差はもちろん、同じモデルでも40gくらいから80g近いものまで幅広くラインナップされているモデルも存在します。

しかし実は、概ね50g以下の軽量シャフトとそれ以上の重量級シャフトでは、シャフトに与えられる目的が違っています。

50g台以下の軽量シャフトの目的は、力がない人でも飛ばせるように小さな力で効率よくスピードを出すことです。軽くてよくしなるのに、切り返し時のたわみやねじれによる違和感を与えずに静かにしなり戻る特性を持ち（高剛性）、かつ大型の大慣性モーメントヘッドが先端側にかける負荷に耐えうる（高強度）シャフトが続々登場しています。

その結果、軽いのにしなりがスムーズだったり、長くしてもモタつかずにシャープに振れるシャフトが登場し、パワーがない人でもスピードアップし、飛ばせる可能性が広がっているというわけです。これは新しい炭素素材の開発の成果にほかなりません。

一方で60g台以上の重量級シャフトは、剛性や強度は自ずと高くなるので、いかになめらかにしならせ、プレーヤーに気持ちよく振らせるかという点が性能のカギ。軽量シャフトとはアプローチの仕方が違いますが、「スピードアップ」という目的は共通です。

中間的なシャフト選びはむずかしい

軽量級・重量級の中間的な重量帯の50ｇ台後半から60ｇそこそこのシャフトは、実は選び方がとてもむずかしいゾーンです。軽量級シャフトのコンセプトで設計された重めのものなのか、重量級シャフトのコンセプトで設計された軽めのものなのかで、特性に差が出ているケースが多いからです。あくまで目安ですが、どちらがベースかは、スペックの「トルク」を見て判断するのが比較的わかりやすいかもしれません。

トルクの大きいものは、ダウンスイングで（意図せず）開いてしまったフェースをインパクトまでに閉じる動きを、シャフトがねじれ戻る動きでサポートしやすいですし、トルクの小さいものは、そういったお助け効果は薄いもののプレーヤー自身のフェースコントロールにシャープに追従してくれるので、操作性が高くなりやすいと言えます。

したがって、球をつかまえるのが苦手で方向性が不安定な人は「軽量級の重め」が、自分で球をつかまえて打ちたい人は「重量級の軽め」が合いやすいでしょう。

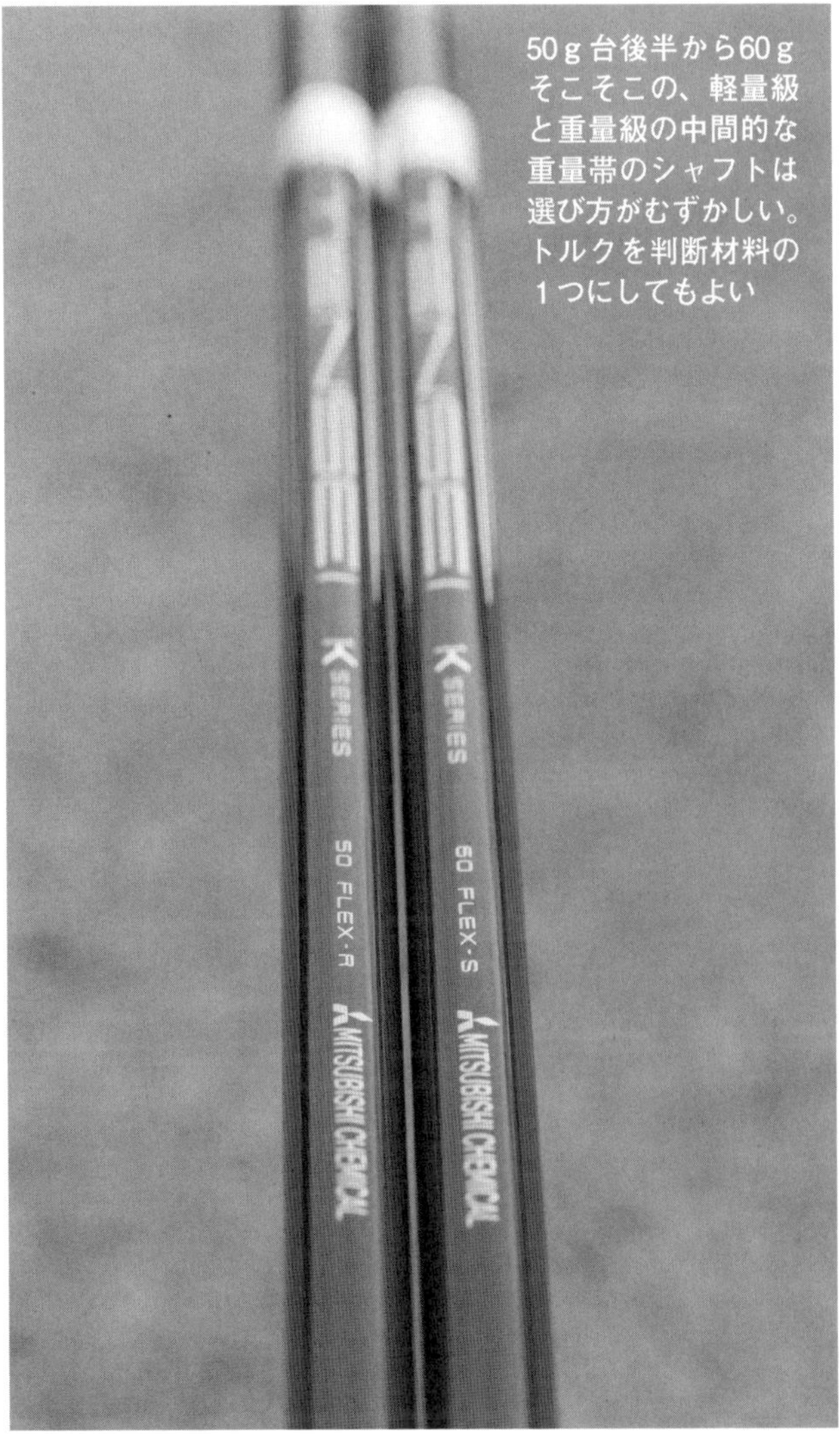

50g台後半から60gそこそこの、軽量級と重量級の中間的な重量帯のシャフトは選び方がむずかしい。トルクを判断材料の1つにしてもよい

カスタムシャフトの剛性分布

シャフトを選ぶ際のもう1つのポイントが「剛性分布」です。剛性分布というのは、シャフトのチップ（先端）からバット（手元）のどこを硬くし、どこをやわらかく作るかという設計上の概念です。簡単に言えばシャフトの全長を先端、中、手元の3つのエリアに分け、それぞれの硬さを相対的に示したもの。これを先端側からの距離と荷重量を精密に調べてグラフにしたのが、「剛性分布図（EIチャート）」です（65ページ）。

剛性分布はあくまでも1本のシャフトの中での相対的な硬さの違いを表すものであって、硬さの基準はシャフトごとに異なり、ほかのシャフトと比較して硬いとかやわらかいとかを分析するためのものではないということに注意してください。

ちなみに、剛性分布がシャフト全体で均等になるように作ると、シャフトは先端側が細い分しなりが大きいので先端側がしなって感じるなど、剛性分布上の硬さと実際のしなりの感じ方とが必ずしも一致するわけではないということも頭に入れておいてください。

シャフトの剛性分布

※数値が大きいほど硬い

手元側　　　　　　　　　　先端側

先端側が硬いと、手元側がしなって感じる

手元側が硬いと、中〜先端側が走るように感じる

真ん中が硬いと、手元側と先端側のダブルキックのように感じる

最近のシャフトは先端剛性高めが多い

剛性分布はプレーヤーのスイングタイプなどと関連し、タイミングの取りやすさを左右するものなので、どのタイプが飛ぶとか安定するというような傾向はあまりありません。ただしトレンドで言えば、どのタイプのシャフトでも先端側の剛性が高めのものが増えてきています。これは、最近の主流である慣性モーメントの大きい大型ヘッドドライバーは、シャフトの先端側にかかる負荷が大きいため、先端側の剛性がある程度高いほうが操作しやすく、パフォーマンスを出しやすいという点と関係があると思います。

剛性分布は、従来よく使われていた「キックポイント＝どこがいちばんしなるか」とは異なる考え方です。キックポイントは、シャフトに両端から力を加えたときにいちばんしなる点が手元側か、中間か、先端かという違いを表すもので、手元調子と先調子でも数センチの差しかありません。そのため最近の複雑化したシャフトの特性を表現することがむずかしくなってきているので、専門家の間ではあまり使われなくなってきているのです。

EIチャートの例

（資料提供＝藤倉コンポジット）

スピーダー661エボリューション7（S）

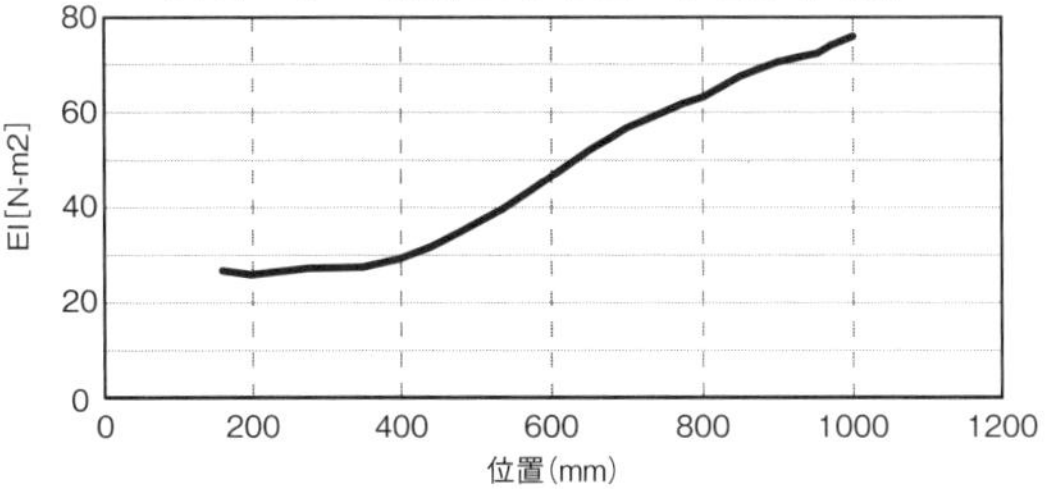

エアスピーダー

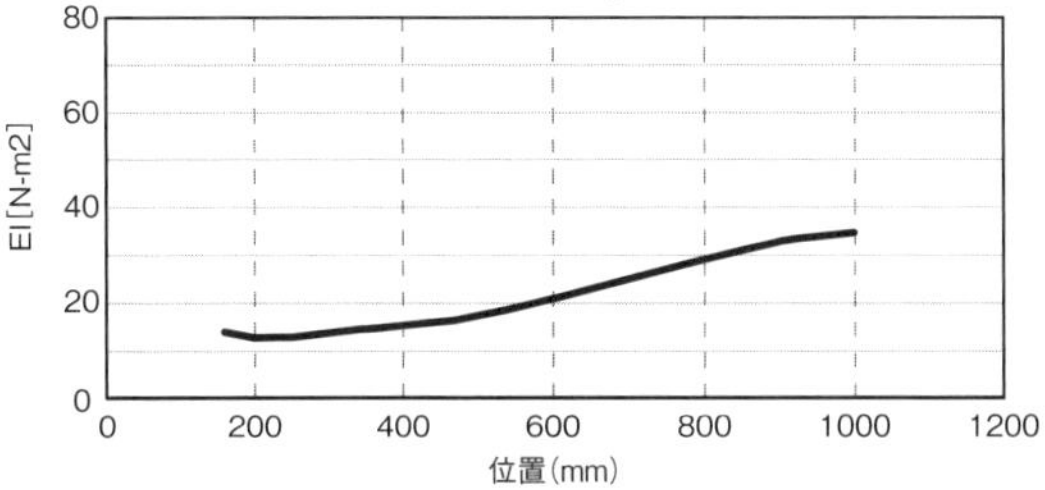

MCI90（S、7番アイアン用）

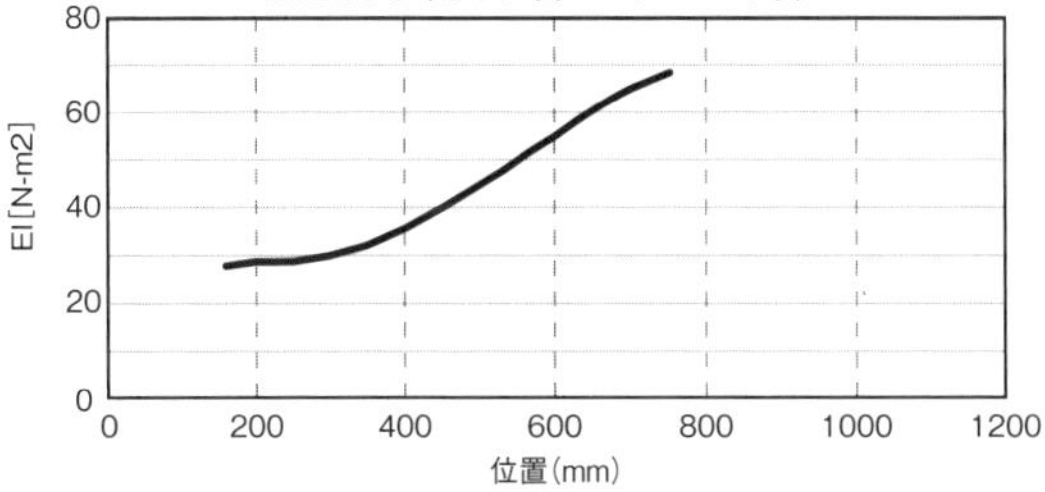

グラフは左が先端側、右が手元側で、上に行くほど硬く、下に行くほどやわらかいことを示す。エボ7（上）やMCI（下）は手元側が硬く、エアスピーダー（中）は全体的にやわらかいことがわかる

シャフトの仕事とは?

スイングにおけるシャフトの仕事とは何かと言うと、プレーヤーがヘッドを自分で思いどおりに動かすための補助だと思います。ヘッドは球質、つまり球のつかまりや上がりやすさ、スピン性能などの根本的なクラブの性格を作るもの。シャフトは、自分が使いたいヘッドを自分にとって扱いやすくするためのパーツというポジションです。

もちろん、選んだシャフトによって球のつかまりや打ち出し角、バックスピン量なども変化しますが、それはあくまで味付け的な変化であって、ヘッドの根本性能を覆すほどの力はありません。

シャフトが仕事をするタイミングとしては、まず切り返しの瞬間が大きなポイントです。

切り返しの瞬間はシャフトの手元側に最大の負荷がかかりますが、ことのきに自分にとって心地よいしなりを感じられるかどうかが大事です。ここで心地よいしなりを感じられれば、ダウンスイング以降もよどみなくクラブを振り抜いていくことができます。

そしてダウンスイングの後半、ハーフウェイダウン以降で、プレーヤーがシャフトにどういう力をかけてスイングしているかによってもシャフトの相性は変わります。大きくスピーディにしなり戻ったほうがいいか、あまり動かず静かに動いたほうがいいか。このしなり戻り方が自分に合っていればフィニッシュまで気持ちよく振り抜くことができ、ヘッドスピードも上がるしインパクトも安定するというわけです。

なお切り返しでシャフトにかかる負荷の大きさや方向は、単純にヘッドスピードに比例するわけではなく、スイングタイプやテンポなどによって人それぞれです。また、ダウンスイング以降の動きも、球をつかまえる動きを自分でしたいのかシャフトに任せたいのかによって変わるので、単純な上手い下手の問題ではありません。

そのため、一概にこういう人にはこういう剛性分布のシャフトが合うと言い切ることができないのがシャフト選びのむずかしさと言えますが、これらのフィーリングを自分のスイングと適応させるためにシャフトの重さや剛性分布にバリエーションがあるわけなので、いろいろ試して自分に合うシャフトを見つけることは、クラブ選びにおいて非常に重要な意味を持っています。もちろん、それを手助けするために私たちのようなクラブフィッターがいるので、ぜひ役立ててほしいと思います。

ドライバーの最適弾道

最近はトラックマンやＧＣ４、フライトスコープなどの弾道計測器が普及し、クラブの開発にもこれらが存分に活用されています。ターゲットとなるゴルファーがヘッドスピードなりの最適値を出すために、どこをどうすればいいかという視点で設計されるのです。

ドライバーの「飛ぶ弾道」が「高初速・高打ち出し・低スピン」と言われているのはみなさんもご存じだと思います。たしかにスピンの少ない大きな放物線を描く弾道はとてもよく飛び、ＰＧＡの選手などの場合は打ち出し角が14度前後、バックスピンが２２００ｒｐｍ前後が最適と言われています。実際にＰＧＡの選手のドライバーショットを見たことがある人は、彼らの球の高さに驚いたのではないでしょうか。

ただし、これはヘッドスピードが47～48ｍ／秒以上でボール初速が70ｍ／秒を超えてくるような場合での最適弾道です。ボール初速が足りないと、この打ち出し角とバックスピン量ではドロップしてしまって全然飛距離が出ないのが実情です。

弾道計測器の普及で、クラブの開発も詳細なデータに基づいて行われるのが常識となった。写真は「フライトスコープ Mevo+」

アマチュアの最適弾道

では、一般のアマチュアにとっての最適弾道とは、どんな弾道でしょうか。

実は、ヘッドスピードが40m／秒前後の一般的なアマチュアゴルファーにとって、理想的な「高弾道・低スピン」弾道を目指しすぎるのは、リスクが大きいです。と言うのも、最適な弾道は、その数値がジャストで出せればメチャクチャ飛びますが、数値がズレた場合のマージンが少なすぎるんです。たとえばちょっとフェースが開いて打ち出し角とスピンが増えると高打ち出しが仇となり、球が高くなりすぎて飛ばなくなるし、逆にフェースがかぶるとスピン不足の引っかけ、いわゆるチーピンが出やすくなる。だとすると、一般的な技術レベルのアマチュアにとっては、飛ぶときと飛ばないときの差が大きくなりすぎますし、ちょっとスイングの調子が悪い日などは、一日中変な球ばかりということにもなりかねません。

そう考えたときに、私が「コースでもっともコンスタントに飛ばせる弾道」だと考えるのは「ランの出る中弾道」です。打ち出し角は11～13度程度の「ちょっと低め」で、バックスピン量が２５００ｒｐｍ前後。このくらいが、キャリーが落ちない範囲でゆるやかな落下角を確保できるので、落ちてからボールが前に進んでランが出て、多分いちばん結果が出るのではないかと思っています。

　これだと、ヘッドスピードが40ｍ／秒の人でキャリーが２２０～２３０Ｙ出て、あとは落ちてからの条件次第でランが伸び、最大で２４０～２６０Ｙまでの飛距離を見込めると思います。ヘッドスピード40ｍ／秒で２６０Ｙ飛べば、うまくすればヘッドスピードの６・５倍。おそろしく効率のいい弾道です。

　実はこれは、女子プロたちの求める弾道でもあります。ヘッドスピードは40ｍ／秒ちょっとから、飛ぶ選手でも43ｍ／秒くらい。でもテレビ中継などで彼女たちの弾道を見ていると、落ちてから平均して30～50Ｙくらいのランが出ていて、トータルで２５０Ｙを超えていき、打ち下ろしのホールならさらに飛んで２７０Ｙを超えることもめずらしくないことがわかると思います。

　これは、彼女たちの技術の高さだけではなく、クラブ選びの工夫によって最適な弾道を得られていることが大きな理由のひとつです。みなさんにとっても、クラブ選び次第でこのくらいの飛距離は夢ではないんです。

飛距離と方向性のジレンマ

みなさんはドライバーに飛距離と方向性のどちらを求めますか？

もちろん「両方」というのが本音だと思いますが、残念ながら飛ぶドライバーは曲がるし、曲がらないドライバーは「もう少し飛んでくれれば」と感じてしまうもの。このジレンマは、ゴルファーの「欲」そのもので、おそらくほとんどのゴルファーが感じているものだと思います。

しかし本当のことを言えば「飛んで曲がらない」ドライバーはありません。悲しいですがこれは事実です。もちろん、いま自分に合わないドライバーを使っている人は、フィッティングしてドライバーを新調した結果、飛距離も方向性もアップすることは多々あります。しかしある程度自分にマッチしたドライバーは、必ずどちらかに偏ってしまいます。

そしてゴルファーというのは、飛ぶドライバーと曲がらないドライバーを交互に求めて、行ったり来たりしてしまうものなんです。これは私自身もそうですし、プロゴルファーに話を聞いても多くの人が当てはまります。ＰＧＡショーで行われたアンケートでも、「飛距離」と「方向性」のニーズがきれいに半々に分かれていたのは印象的でした。

そのなかで、いまより飛ぶドライバーがほしいと思ったら、バックスピン量を少し減らして打ち出し角もちょっと抑え気味にするとか、クラブの長さを長くするなどの方法があります。反対にいまよりも曲がらないドライバーがほしいと思ったら、ちょっと打ち出し角が高めでスピン量が多めのドライバーを選ぶとか、クラブの長さを短めにする、シャフトを硬めにするなどの調整が有効です。

ちなみに「飛距離重視」と言っても、何10Yも飛ぶということではなく、上手く打って20Y、平均で言えば10Y前後の差です。そしてこの平均値は、ある程度練習場で打ち込み、最低でも5～6ラウンドはコースで使ってみて、買ってからある程度の時間を経過しての平均値として表れてくるものです。試打室で数発打っただけで「飛んだ」とか「飛ばない」と判断するのはちょっと早計ですよ。

いずれにせよ、ドライバーを選ぶ際には、飛距離と方向性のどちらを優先するのかということを念頭に置いておくことが大事です。そしてこれらを行ったり来たりしながら新しいドライバーを考えるのは楽しいですし、とても健全なことだと思います。

構えやすい「顔」を大事にする

クラブを構えたときの「顔」というのは、実はかなり重要で、構えた顔のイメージがスイングに影響を及ぼすことも多々あります。

ヘッドの形状で言えば、たとえばトウ側にボリュームのある「洋梨型」のヘッドはバックスイングでフェースを開いて上げたくなりますし、ヒール側にボリュームがあるヘッドは、ややヒール側で打ちたくなるなど、スイングもそのイメージに引っぱられます。

またフェースアングルやロフトの見え方も大事で、「つかまりそう」と感じることで安心して振れたり、逆に引っかけを嫌がって逃がす動作が生じることもあります。ロフトが少なく見えると、球が上がらなさそうに感じてあおるような動きが出たりもします。

その点、ネックに調節機能がついているドライバーは、フェースアングルを自分で変えられます。これはつかまりやすさよりも、自分にとって構えやすい顔に調節するためのものとして活用することをおすすめします。自分が構えやすい顔を大事にしてください。

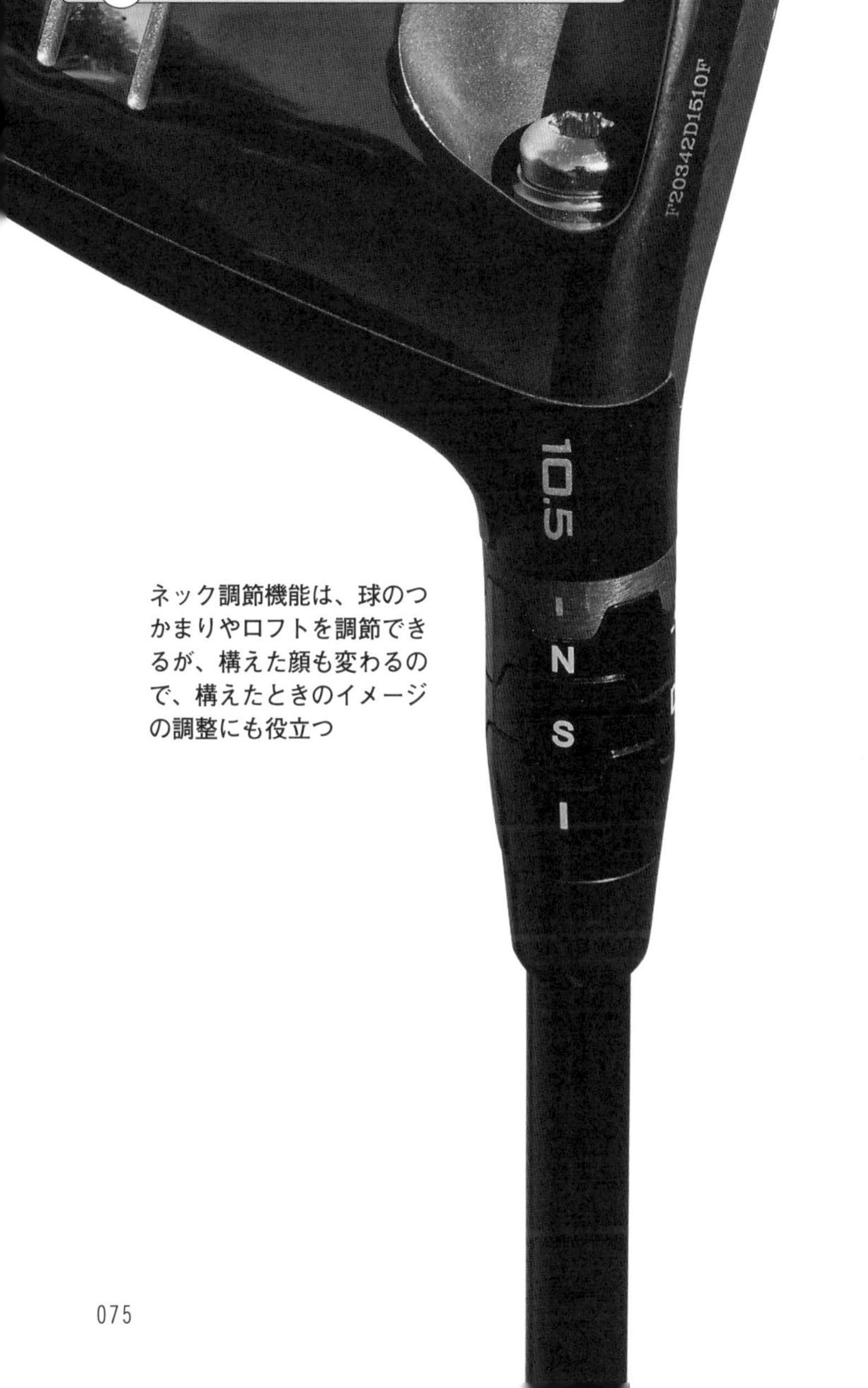

ネック調節機能は、球のつかまりやロフトを調節できるが、構えた顔も変わるので、構えたときのイメージの調整にも役立つ

打感は完全に好みの世界

打感・打球音に関しては、決定的な機能はないので完全に好みの世界です。自分が気持ちいいと感じるものを選べばいいと思います。

ただしこの「好み」も、これまで使ってきたクラブの履歴やヘッドスピードなどの影響を受けるので、一定の傾向はあります。一般的にはヘッドスピードが速い人はやわらかい低めの打感が好きで、ヘッドスピードが遅めの人は高く弾きのいい金属的な打感を好みがち。ちなみに後者は、ゼクシオという巨人が作り出した「金属的で弾きのいい打感＝飛びそう」という印象が広く浸透した部分が少なからずあると思っています。

注意点としては、自分がイメージしている打感よりも硬い打感のクラブはインパクト後にスイングをゆるめる傾向が出やすく、逆に打感がイメージよりもややわらかいとしっかりした感触を求めて強く叩く動きが生じやすいということ。ですので、自分にとって打感が「気持ち悪い」と感じるクラブは、避けるほうが賢明でしょう。

打感は自分の好みで選ぼう。自分にとって気持ちいいと感じられるものがいちばん力みなくスイングできる

ドライバーの選び方と買い時

ここまでドライバーの機能の話をしてきましたが、最後に数あるクラブの中からどれを選べばいいのかという選び方の話と、クラブの買い替え時の話をしたいと思います。

まず言っておきたいのは、周囲の「あのクラブは飛ぶらしい」という評判を鵜呑みにしてはいけないということ。あなたにとって飛ぶクラブと、ほかの誰かにとって飛ぶクラブは同じではありませんからね。

そのうえで大事なのは、いま自分が使っているクラブをベースに考えること。そして自分の欲を整理することです。

まず、いまの自分のドライバーと比べてどんなドライバーがほしいかを明確にしてください。前述のように「飛んで曲がらない」はダメです。できれば「もっと球がつかまる」とか「スピン量を抑えてランを増やしたい」というくらい具体的だとベターです。

そこがハッキリすれば、店舗に貼り出されていたりテレビＣＭなどで見るメーカーの広告を、意味を持って見極めることができます。どんなクラブも意図があって設計されていて、広告ではその特徴をＰＲしています。ですから自分が求める機能が明確なら、「○○史上もっともつかまる」とか「高弾道で飛ばせる！」というようなキャッチコピーから、自分のニーズとマッチするものをチェックすればいいのです。

そしてマイドライバーを持って店舗に試打に行きましょう。自分のクラブと候補モデルを比較しながら、納得のいくクラブを買ってください。もちろん、馴染みのクラブフィッターやクラフトマン、プロゴルファーに相談できればベターです。

クラブの「買い時」は、ゴルフ熱が高まっているときに尽きます。ラウンド数も練習量も多いときというのはゴルフに対する向上心も高く、「こういうときにこういう球が出てほしい」とか「こんなふうに使えるクラブがほしい」という具体的なイメージがわきやすく、目的が明確化します。その目的をくみ取って、それにマッチしたクラブを選ぶことが大事です。クラブがほしくなるときは上達しているとき。この機を逃さないでください。

ちなみに私見ですが、多くの人は50ラウンドくらいでいまのクラブに飽きてきます。週イチプレーヤーなら1年。月イチゴルファーなら4～5年で「賞味期限」が尽きるもの。ことドライバーに関しては、人によってはこのサイクルがもっと早くなります。新しいクラブはプレーに新鮮味を与えてくれるので、このタイミングも「買い時」ですよ。

Columun 01

「最初に出るミス」が自分のニュートラル

クラブ選びの際は、自分の持ち球やミスの傾向を基準にすることはとても大事です。しかし自分の持ち球がドローなのかフェードなのか、よく出るミスがダフリなのかトップなのか、イマイチよくわからないという人も多いのではないでしょうか。

というのも、18ホール連続でプレーするゴルフは、一度出たミスがそれだけで完結せず、最初のミス対してカラダが無意識に反応してしまうことも多いので、フックが出たからそれを嫌がって次はスライス、という悪循環が起こりがちなんです。そのため、フックもスライスも両方出るので自分の本当のところがわからない、ということが起こるのです。

だからこそ大事なのは、最初のミスです。1日のゴルフで最初に出るミスや、調子よくプレーしているところで最初に出がちなミスの傾向をチェックしてください。それが自分のニュートラルですので、クラブ選びの参考にするのはそこがポイントになります。

第2章

FW&UT

フェアウェイウッド&
ユーティリティ

ＦＷの進化は著しい

フェアウェイウッド（以下、ＦＷ）はアマチュアには苦手とする人が多いクラブ。だからこそスコアアップのためにしっかりと見直したいクラブでもあります。

実はＦＷは、この10年間ほどでの進化がドライバー以上に著しいカテゴリーです。ヘッドの低重心化とフェースの肉厚コントロールによる「たわみ」の制御で高初速・低スピンが可能になり、飛距離性能はとくにめざましい進化を遂げました。この進化は、２０１２年にテーラーメイドから発売された「ＲＢＺ」あたりを始まりにしています。

この飛距離性能の進化は、本来「狙うクラブ」だった３Ｗを「飛ばすクラブ」へと変えてしまい、ＰＧＡでは３Ｗを入れずに５Ｗやロフト16度前後の４Ｗだけというウッドセッティングの選手が現れたり、ヘンリク・ステンソンのようにドライバーの代わりに３Ｗを使う選手が出てくるほどです。アマチュアでも、ロフトが多くて打ち出し角が稼げる分、ティアップしたらドライバーよりも３Ｗのほうが飛ぶ人もいるのではないでしょうか。

FWの進化により、ヘンリク・ステンソンやアリヤ・ジュタヌガーンのように、ドライバーの代わりに３Ｗでティショットする選手も現れている

ロフト何度のＦＷなら打てるのか

一般的なアマチュアの場合、ＦＷの選び方はプロとはちょっと異なる視点が必要です。と言うのも、ロフト15度の３Ｗをティアップせずに芝の上から打つ場合、ドライバーのヘッドスピードが40～43ｍ／秒程度の人では打ち出し角やスピンが不足して十分なキャリーが出せないからです。アマチュアが芝の上から打って十分なキャリーを出すには４Ｗ相当の16度前後でギリギリ、できれば18度くらいのロフトがあったほうが安全です。

実際３Ｗは、ヘッドサイズが２００cc前後とドライバーと比べて著しく小さいのに長さは43インチと長く、しかもロフトも少ないまま低スピン化が進んだことによって、アマチュアにとっては14本のうちでいちばんむずかしいクラブになってしまっています。

ですからＦＷのセッティングを考えるうえで、「ロフト何度のＦＷなら打てるのか」を考えることは非常に重要です。必ずしも３Ｗからセットに入れる必要はなく、４Ｗや５ＷをＦＷの最上番手にするとか、３Ｗはティショット用と割り切ることも必要です。

ロフト15度のFWは、ヘッドスピード40m/秒前後ではティアップしないと十分なキャリーを出せない場合が多い

ＦＷは「どう使うか」で選ぶ

ここまでの話で、ＦＷがむずかしくなってしまったのかと感じた人もいるかもしれませんが、決してそうではありません。性能面で進化していることは明らかですので、きちんと選べばＦＷがアマチュアにとってもとても有為な武器であることは間違いありません。

ただし、３Ｗに関しては「とりあえず３Ｗ」という発想は時代遅れ。「３Ｗ」であることにこだわらずに「ドライバーの次の、いちばんロフトの少ないＦＷ」と考え、「どこでどう使うか」を明確にして番手やロフト、モデルを選ぶことが重要です。具体的には①狭いホールや短いホールでのティショット用、②パー5の2打目などで距離を稼ぐクラブ、③グリーンを狙うクラブ、この３つのどの用途をメインに考えるかをまず明確にしましょう。

①の場合、ティアップして打つことが前提ですので、ドライバーのヘッドスピードが40～43ｍ／秒のアマチュアでもロフト15度前後の３Ｗが有力候補になります。ヘッドスピー

ドが速い人なら13・5度くらいのいわゆる「ツアースプーン」や「3+W」的なものも選択肢に挙がりますし、逆にパワーのない人ならここが16度前後の4Wや18度前後の5Wでもいいのですが、いずれにせよ「レイアップ用」ですから、球が曲がりにくい、やさしく飛ばせるモデルを選ぶことが重要です。

次に②の場合は、自分のヘッドスピードで芝の上からちゃんと距離が出せるロフトであることが大前提になります。そのうえでどんなライから使うことを想定しているかによって考え方が変わってきます。フェアウェイの平らなところか若干の左足上がりといった絶好のライ限定で、パー5で2オンを狙うようなクラブなら、これも3Wなどの「飛ばせるクラブ」が第一候補ということになります。しかし、多少悪いライからでもある程度の距離を稼ぎたいというなら4Wくらいのロフトがあったほうが安全ですし、ラフなどから使うことも想定しているなら5Wくらいのロフトがないと役に立ちません。

「飛ばす」ことを考慮せず、③のようなあくまで意図した距離を正確に打ってグリーンを狙うクラブと考えるなら、いちばん上のFWが5W以下、7Wや9Wだっていいんです。ロフトが少なければ少ないほど対応できるライは限定されますし、ボールコントロールもむずかしくなる。それを十分考慮して、コースで実際に必要とするクラブを用意しましょう。

ＦＷはモデルをそろえる必要はない

５Ｗや７Ｗなどを選ぶ際も考え方は同じ。どんなライからどのくらいの距離を打ちたいか、球の高さやスピン量など、どんな弾道を打ちたいかによって必要なＦＷは違ってきます。

一般的にアスリートブランドのＦＷは、コントロール性が高くスピン量も多めで、弾道を打ち分けたりグリーンに球を止めたりしやすいモデルが多く、アベレージ向けブランドのＦＷは操作性は低いけれども直進性が高くて球が曲がりにくく、高打ち出し低スピンでボールを前に運べるモデルが多い傾向にあります。

ですので大雑把に言えば、「距離を稼ぎたい」ならアベレージ向けのモデルを、「グリーンを狙う」ならアスリート向けのモデルを選ぶといいでしょう。アスリート向けのモデルでも、７、９Ｗのようにロフトが多い番手なら、ヘッドスピードが速くなくても扱えます。その結果、ＦＷの各番手がバラバラのモデルになっていてもまったく問題ありません。むしろブランドにこだわらずに、求める用途を満たすクラブを選ぶことが大事です。

ただしこのとき注意してほしいのは、長さと重さの問題です。

純正シャフトの場合、同じ番手でもメーカーやモデルによって長さも重さもバラバラ。そのため、アスリートモデルとアベレージモデルを無造作に混在させると、長さや重さの統一感が失われてしまうケースが多々あり、ひどいときには下の番手のほうが長かったり軽かったりするなどの逆転現象が起こる場合もあります。特定のＦＷが苦手とかミスばかり出るという人は、ここに原因があることがとても多いんです。

全体的な傾向としては、アスリートモデルほど重めで短く、アベレージモデルほど軽めで長い傾向にありますが、カタログなどでスペックをチェックして、きちんと重さと長さを把握しておくことがとても重要です。ＦＷを単品で買い替えたり買い足したりする場合も、前後の番手をお店に持参して、重さと長さのバランスが崩れないように考慮してクラブを選ぶことが大事です。

ヘッドスピードが速かったり遅かったり、平均的なアマチュアゴルファーの範囲から外れている人の場合はとくにこのリスクが高まります。ヘッドの性能を重視してＦＷのセッティングをバッチリ決めようと思ったら、カスタムシャフトを選んだりリシャフトするなどして、重さと長さを自分でアレンジすることも考慮してください。

ＦＷのヘッド素材と価格

ＦＷを上手にそろえられているアマチュアが少ない理由の１つに、価格の問題があると思います。１本が３〜４万円するため３、５、７Ｗと３本そろえようとしたら10万円前後になってしまうので、どうしても「高い」と感じるかもしれません。しかし１本７〜８万円するドライバーの価格と冷静に比較してみれば、ＦＷ１本の価格はかなり安いんです。

市場を見ると、大手メーカーはＦＷの価格を４万円くらいが限界だと感じているようで、ヘッド素材をステンレス系にして価格を抑えています。しかしいわゆる地クラブ的なパーツブランドのＦＷは、ターゲットとする客層が絞られている少量生産なので、その価格のカベを破って７〜８万円のＦＷを販売できます。そういったヘッドは、フルチタンでタングステンウエイトなどを内蔵しているので、ヘッドの性能は圧倒的に高い。正直なところ、ＦＷの性能はこの価格に比例していると言っても過言ではありません。やさしく飛ばせるＦＷがほしいなら、価格の先入観を捨ててパーツブランドのものを選ぶ覚悟も必要です。

チタンヘッドのFWは値段も高いが性能は圧倒的に高い。FWはほかのクラブと比べても価格と性能の関連性が高いと言える

ラフから使うＦＷは「抜け」も大事

　ＦＷの機能の１つに「抜け」があります。クラブが突っかからずにスムーズに振り抜けると、ラフなどでも飛距離が落ちずに使いやすくなります。そのため前述の「ラフからでも飛距離を出してボールを前に運ぶ」ためのＦＷを考える際は、抜けがいいもののほうが使えるライの幅が広がるというわけです。

　抜けのいいＦＷは、ヘッドのサイズが小さいことと、接地量が少ないソール形状をしていることがポイントです。ヘッドサイズは、単純に芝の抵抗を左右し、小さいほうがフェースにぶつかる芝の量が少ないので抜けがいいということになります。

　ソール形状については、中央部分が尾根状のV字型になっている舟形ソールのものや、ソールに下駄を履かせたようなレール状の突起があるものなどが抵抗が小さく、抜けがいい傾向にあります。また、ソールの前後方向にラウンドがついているものも抜けがいいので、ラフからの使用を重視する人はチェックしてみてください。

ラフから打つことも想定している
FWは、ソールの抜けも重要。舟形
のソールやレール状の出っ張りが
あると抜けがよくなりやすい

ＵＴは扱いやすくて当てやすい

ユーティリティ（以下、ＵＴ）は比較的新しいジャンルのクラブですが、いまや完全に市民権を得て、セッティング上不可欠と言っていい存在になっています。

大きく分けると、ＦＷと似た形状でＦＷよりも面長なウッド型のものと、中空アイアンをさらに分厚くしたようなアイアン型があり、ウッド型のなかにもさまざまな形状があります。ロフトに関しても17～18度くらいのＦＷの代わりになるものから、25～26度の5～6番アイアンの代わりになるものまで非常に幅広く、便利である反面、選ぶのがむずかしいクラブでもあります。

ヘッドの性能としては、同ロフトであればＦＷよりは球が低めですが強い球が打ちやすく、ロングアイアンよりは深重心なので高い球が打てます。一方でＦＷよりもヘッドが小ぶりでシャフトが短めな分「当てやすい」ため、傾斜地や悪いライなどでも扱いやすいまさに「便利な（ユーティリティ）」クラブと言えるでしょう。

ウッド型（右）、アイアン型（左）と同じUTのくくりでもさまざまなタイプがあるので、用途や求める弾道によって最適なものを選んで組み合わせよう

ウッド型とアイアン型の違い

一般的にアイアン型ＵＴは、ウッド型と比べると球が上がりにくいので、使いこなすにはある程度のパワーが必要になります。ロフトが23～24度のものでも、ドライバーのヘッドスピードが40～43ｍ／秒くらいはないと狙った弾道は得にくいかもしれません。

ウッド型ＵＴも、ひと昔前まではロフトが20度以下のものはある程度ヘッドスピードがないと打ちこなせませんでしたが、最近はチタンヘッドのものも登場し重心設計の幅が広がったので、その限りではなくなってきています。

ウッド型ＵＴに関しては、そのなかでも球が上がりやすく飛ばしやすいモデルと、アイアンのようにコントロールしたりラインを出しやすいモデルに分かれます。前者は比較的フェースプログレッション（ＦＰ）値が大きい出っ歯なものが多く、後者はグースっぽく見えるＦＰ値の小さいものが多く見られるので、構えた顔の印象はしっかりチェックしてください。

FPが小さいグース的な顔のもの（右）はアイアン的、FPの大きい出っ歯顔のもの（左）はウッド的な特徴を持ったモデルが多い

UTは目的で選ぶ

UTを選ぶ際に重要なのは、グリーンを狙うクラブとして使うのか、次のショットへの「つなぎ」として使うのか、用途を明確にすることです。

グリーンを狙うクラブとしてアイアンの代わりと考えるのであれば、球を止めるために高い弾道が必要になります。一方パー5の2打目のショットや、長いパー4でグリーン近くまで運ぶショットで使う「つなぎ」として考えるのであれば、「曲げずに運ぶ」ことが求められるので、高弾道は必要ありませんが構えやすさや安定性が求められます。

これらの用途を満たす機能は、実はプレーヤーのヘッドスピードによって異なるので注意が必要です。たとえばヘッドスピードが速い人にとっては、「つなぎ」のショットはラインを出して狙っていけるような球が上がりすぎないクラブが求められますが、遅い人にとってはある程度初速が出てキャリーが稼げるクラブのほうが安定します。ここは、それらを十分に考慮して、必要な距離を求める弾道で打てるクラブを探してください。

プロのセッティングを見ても、上がりすぎないクラブとしてFW代わりにUTを使っているケース（左上）、3、4番アイアン代わりにウッド型UTを使うケース（左下）、ロングアイアン代わりにアイアン型UTを使っているケース（右上）などさまざま

UTのシャフト選び

UT選びの際に苦労するのがシャフト選びです。意外に選択肢が少ないうえに、純正品が軽すぎるようなケースも多く、シャフトの選択がいちばんむずかしいかもしれません。

まず前提として知っておいてほしいのが、「チップ（先端）径」のことです。細かい話は省略しますが、UTに装着するシャフトはウッド用のものとアイアン用のもの両方が混在しています。簡単に言えば、ウッド系のシャフトは先端が細くてやわらかめで球が上がりやすく、アイアン系のシャフトは先端が太めでしっかりしており操作性が高い傾向があります。装着したシャフトのタイプ＝チップ系によって振り心地が大きく分かれるため（中間的なUT専用のシャフトもありますが）、高くて飛ぶ弾道を求めるならウッド系、コントロールの効いた抑えた弾道を求めるならアイアン系のシャフトを選ぶことが前提になりますが、ヘッドによって装着できるシャフトのチップ径が決まってしまうので、ヘッド選びも関係してきます。

シャフトの重量を考えると、ドライバーのヘッドスピードが40ｍ／秒前後のゴルファーの場合、ドライバーのシャフトが50ｇ台だとするならば、ＦＷが60ｇ台、アイアンが90ｇ台くらいが標準的なシャフト重量になると思います。となるとＵＴは、60ｇ台後半〜80ｇ台の間くらいの重さのシャフトが中心的と言えるでしょう。ＵＴ専用などでちょうどいいシャフトがあればいいですが、選択肢が狭いので、ヘッドスピードが遅めの人はＦＷのシャフトのちょっと重めのものを、速めの人はアイアンシャフトの軽めのものを基準にするといいかもしれません。もちろん求める弾道にもよるので、そこは柔軟に対応してください。

　またＵＴのシャフトは長さがさまざま。同じロフトのＵＴでもモデルによって１インチ近く長さが違うケースもめずらしくありません。逆に言えば、長さの調節で弾道の演出もできます。少し飛ばしたいなら長めのものを選んだり、高さや飛距離を抑えたいなら短めにするなどのアレンジも有効です。

　これらを総合的に組み合わせることで、たとえば上がりやすいヘッドに短めのシャフトを挿して高弾道でグリーンを狙うとか、球が強いヘッドに硬めのシャフトでラインを出しやすいＵＴにするなど、用途に応じたアレンジが可能です。このＵＴの守備範囲を上手く組み立てられれば２００Ｙ前後がラクになるので、ぜひ工夫してみてください。

Columun 02

自分の弾道の「最高点」の高さを知っておこう

クラブが実戦で「使える」かどうかの判断は意外にむずかしいところです。量販店の試打室では十分な飛距離が出ていたり、練習場の打席ではいい球が出ているように見えても、コースで実際に打ってみるとキャリーが足りないというケースはめずらしくありません。

弾道計測器が使えるなら、ほしいクラブがコースで使えるかどうか判断するために、弾道の最高点の高さをチェックしましょう。

実は、ドライバーからウエッジまでどの番手でも、最高点の高さが同じになるのが理想の弾道なんです。ドライバーやFWは低く、ウエッジは高く見えますが、それは打ち出し角や弾道の曲線の違いによるもので、最高点の高さはだいたい同じ。この高さはヘッドスピードやスイングの特徴などによって人それぞれですが、一般男性で25～30mくらいが標準的です。自分の弾道の最高点の高さを知っておいてそれを基準にすれば、大きな失敗は起きにくいのです。

第3章

IRON
アイアン

第3章

アイアン
IRON

アイアンの仕事とは

アイアンというクラブの仕事は何だと思いますか？

端的に言えば、グリーンを狙うクラブですよね。状況に応じていろいろな球筋でピンを正確に狙えて、グリーンにピタッと球を止められればなおよい。しかも、傾斜地やラフなどからもフェアウェイと同じように打ちたい。これができるのが理想のアイアンだと思います。

そのため、その技術を持っているプロや上級者にとっては、操作性が高い小ぶりのヘッドサイズで、いろいろなライに対応できるようにソール幅が狭くて抜けがよく、グリーンに止まるハイスピンの球が打てる比較的高重心なヘッドが、意図する仕事ができる「いいアイアン」ということになります。

しかし実はこれらは、ボールをグリーンに直接キャリーさせることを前提とした能力だということを忘れてはいけません。普通のアマチュアゴルファーが、これを基準にアイアンを選んでいいかどうか、冷静に考える必要があります。

みなさん、自分のパーオン率が何%くらいか、把握していますか？　おそらくほとんどのアベレージゴルファーはよくて30%か、実際はそれより低い確率でしかアイアンショットをグリーンに乗せられていません。パーオン率33%だとしたら、ハーフで3つパーオンしていることになりますからね。そう考えると、ほとんどのアマチュアにとって、アイアンは「グリーンを狙うクラブ」ではなく、「グリーンまわりに運ぶクラブ」なんです。

自分のアイアンショットを振り返ったとき、「グリーンに落ちたけれど止まらず奥にこぼれてしまったミス」と「手前に落ちて届かなかったミス」のどちらが多いですか？　おそらく後者ではないでしょうか。アイアンショットをグリーンに直接キャリーさせられる確率が低い人にとっては、スピンが効いて球が止まることよりも、手前に落ちても止まらずに球が前に行ってくれるほうが、グリーンオン率は高くなるはずです。

また、風やピン位置によって球筋を変えたり、球を意図的に曲げて狙うことがどのくらいありますか？　むしろ、意図せず曲がってしまうミスのほうが多いのではないでしょうか。そういう人に、アイアンの操作性はメリットよりもデメリットのほうが大きい。

腕前や番手によってこういった要素は変わってくると思いますが、まずはここを冷静に見直して、アイアンに求める能力を再検討してほしいと私は思っています。

「飛び系アイアン」の存在意義

グリーンに乗せられない番手に「従来のアイアン」の機能は必要ないと言いましたが、近年急激にシェアを伸ばしている「飛び系アイアン」は、まさにそういったゴルファーのニーズに応えるための「球を前に飛ばす」ためのアイアンです。

弾道を操ったりスピンでグリーンに球を止めるのではなく、パワーがない人でも番手なりの距離の階段を作れて、グリーンまわりまでボールを運べるようにやさしく球が上がって飛距離が出る。飛び系アイアンを「あんなものはアイアンじゃない」と敬遠する人もいますが、アマチュアに必要な機能を備えた、とても合理的なクラブだと思います。

ショートアイアンでどんなにいい球が打てるクラブでも、5、6、7番アイアンの番手間の飛距離の差が出せないのでは存在価値がないし、バッグに入れていても使わなくなってしまいます。アイアンという道具の目的を見直してみれば、その価値がわかるし、バッグに入れることによってメリットが生じるゴルファーはとても多いはずです。

元祖超飛び系アイアン「インプレスUD+2」（ヤマハ）は2014年に発売された。「2番手上の飛び」を意味する「+2」というネーミングどおり、従来のアイアンの常識を覆す飛びで人気を博した（写真は2020年モデル）

番手別に組み合わせるのもアリ

アイアンを細分化して番手別に考えてみると、実際は、前述のような「グリーンまわりに運ぶ」ことがすべてではありません。ロングアイアンやミドルアイアンではピンを狙えなくても、ショートアイアンならばそれなりの精度を期待できる人も多いでしょう。その場合、ショートアイアンにはピンを狙ってグリーンに球を止められる機能を備えた旧来の「アイアン的なアイアン」を求めたくなる場合もあると思います。

そういう場合は、アイアンを全部同じブランドでそろえるという固定観念を捨ててみるのもいいかもしれません。上の番手は飛び系のアイアンを、下の番手はプロモデルを入れるというように組み合わせて使うのもひとつの手です。実際、ＰＧＡの選手でもマッスルバックとキャビティバックや中空モデルを組み合わせて使っている選手もいます。

いずれにしても「使えるクラブ」かどうかの見極めは、自分がその番手で打ちたい距離がきちんと出ているか。そして弾道の最高点の高さがそろっていることが大事です。

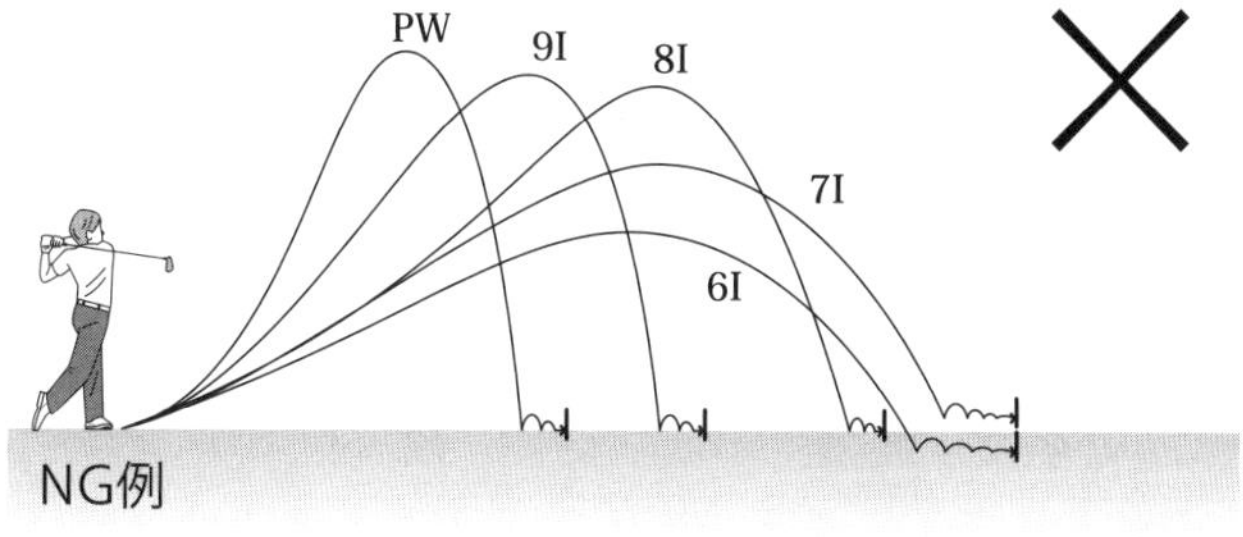

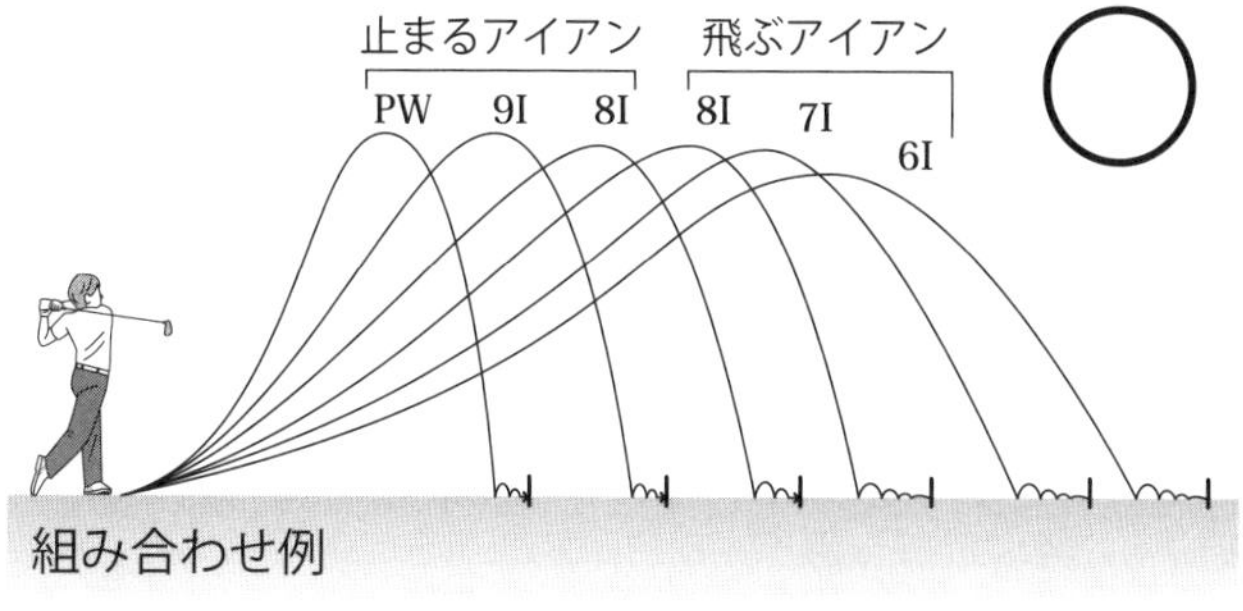

多種のアイアンを組み合わせてセットにするのも有効。目安となるのは、全番手の最高点の高さがある程度そろっていること

アイアンのタイプ1　マッスルバック

ここからはアイアンの種類について、ヘッドの観点から解説していこうと思います。

まずはマッスルバック。マッスルバックとは、バックフェースに凹みのないヘッドです。本来はヘッドの重心配分に特段の工夫をせず、軟鉄の塊をそのままアイアンの形に成形したものですが、最近はタングステンなどの重い金属を内蔵して重心を調整しているモデルも出てきています。

特徴はヘッドが小ぶりで重心距離が短く、ソールが薄くて高重心なこと。そしてぶ厚くやわらかな打感。そのため抜群の操作性と抜けのよさを誇り、弾道を自在に操れるとともにハイスピンで硬いグリーンにも球を止めることができますが、ミスヒットの許容性は低く、ダウンブローにボールをとらえられないと本来の性能を発揮することができません。

その意味では完全な「プレーヤーファースト」のクラブで、高い技術を持った人がその技術を存分に発揮するためのアイアンと言うことができると思います。

プロモデルアイアンの代名詞とも言えるマッスルバック。バックフェースに凹みがなく、小ぶりでシャープな顔つき。高い操作性とやわらかい打感が特徴

アイアンのタイプ2　プロキャビ

小ぶりな軟鉄ヘッドながら、バックフェースに若干のくぼみ（キャビティ構造）のあるアイアンを、「プロキャビ」などと呼びます。プロ向けのキャビティという意味ですね。このタイプは、操作性や打感、スピン性能などをマッスルバックに近いレベルで確保しながら、ヘッドサイズを若干大きくしつつ周辺部分に重量配分して慣性モーメントを大きくし、多少の寛容性を付与したモデルです。

マッスルバックほど繊細な操作性は必要ない、もしくはある程度の寛容性があったほうが安心という上級者向けのアイアンですが、それなりの操作性はあるので球の高さを抑えたり曲げたりといったコントロールも十分可能です。最近では重心配分のためのウエイトや、インパクトで生じる振動を抑制して打感を向上させるための樹脂などを内蔵した高機能モデルも増えています。プロゴルファーにも使用者が多く、上級者にとってのファーストチョイスと考えていいかもしれません。

バックフェースが少し凹んでいるプロキャビは、マッスルバックに準じる操作性と打感を備えつつ、ある程度の寛容性を付与したアイアン

アイアンのタイプ3　ポケキャビ

バックフェースのキャビティ部分のえぐれが深く、ボックス構造のポケット状になっているようなものをポケットキャビティ、通称「ポケキャビ」と呼びます。「アンダーカット構造」などと呼ばれるものもポケキャビの一種です。

設計自由度が高いのがポケキャビの特徴で、数種類のパーツを組み合わせた構造だったり、ウエイトや樹脂などのさまざまな異素材を内蔵するといった工夫ができるので、プロでも使えるシャープなものから低ヘッドスピードのプレーヤーがやさしく球を上げて飛ばせるものまで、非常に幅広いモデルがそろっています。その意味では現代のアイアンの中心的存在で、アマチュア向けのモデルの多くもこのカテゴリに属しています。

ただ種類が多いため、モデルによってロフトの設定や長さ、重さも多種多様。ブランドをしっかり見極めて、プロユースも考慮したものなのかアマ向けのやさしいブランドなのかを判断して選ぶことが大事です。

ポケキャビは、バックフェースがポケット状にえぐれた形状で、低重心・ワイドソールのやさしいアイアンを作りやすい。超飛び系もこの形状が多い

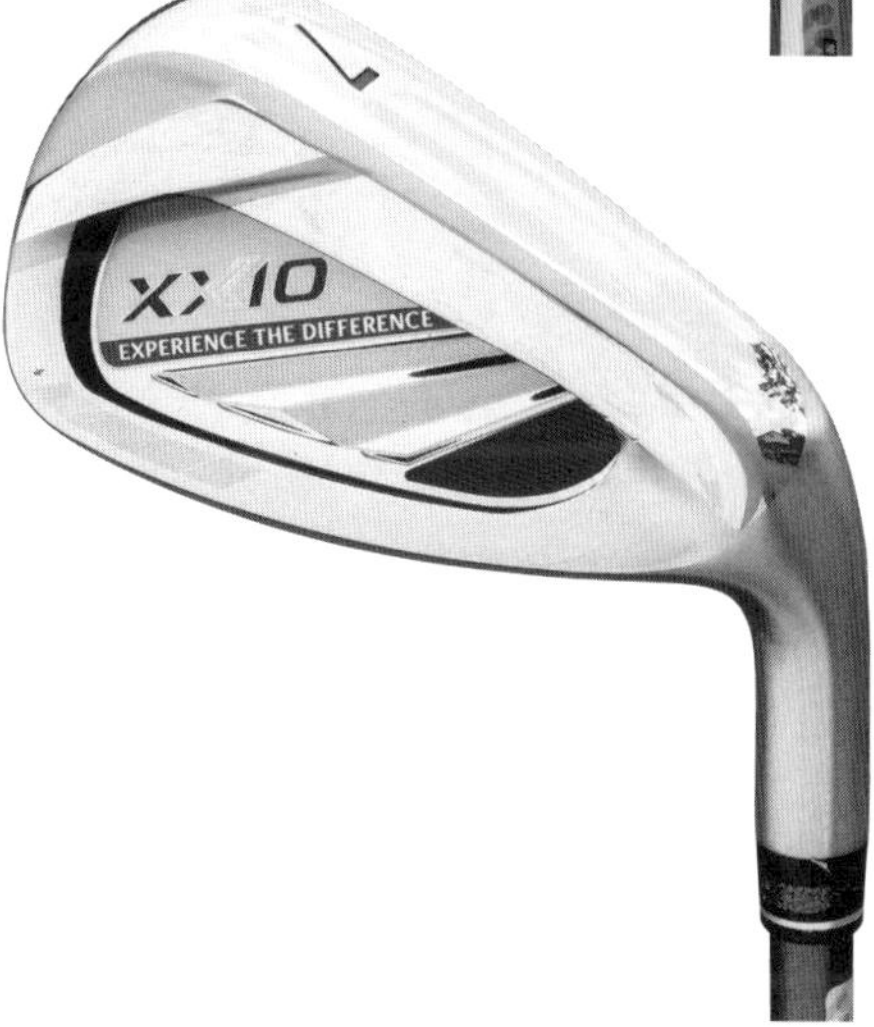

アイアンのタイプ4　中空

ポケットキャビティのバックフェースに蓋をして、ヘッドの内部を空洞にしてあるアイアンを「中空」アイアンと呼びます。中空アイアン自体は以前から存在しますが、初期のころはユーティリティに近いような初心者向けのものが多かったのに対し、最近は多様化が進んでおり、ちょっとしたブームになっていると言っていいかもしれません。

ヘッドを中空化するメリットは、縦方向の慣性モーメントを大きくしやすい点と、フェースを薄くしつつたわみの管理をしやすい点です。そのためミスしても飛距離がそろいやすいのが強みです。またポケキャビよりもさらに設計自由度が高いのでソール幅が狭い状態で低重心化しやすく、やさしさのわりに構えるとシャープな顔をしているモデルが作れます。内蔵する素材によって打感もコントロールできるので、「構えるとシャープだけど打つと結構やさしい」というような、中・上級者向けの個性的なアイアンが出てきています。このジャンルは今後もっと増えてくるかもしれません。

ヘッド内部が空洞になっている中空アイアンは、シャープな顔を保ちつつ大きな慣性モーメントを付与したり低重心化しやすい

ウエイトビスが埋め込まれていたり樹脂製の緩衝材で打感をやわらかくするなどの工夫が施されている場合が多い

アイアンのタイプ5　超飛び系

最後の「超飛び系」は、これまでのヘッド形状でのくくりとは少し違いますが、いまや1つの新ジャンルを確立していると言っても過言ではないので、あえて1つのカテゴリーとして説明します。

これはプロギアの「EGG」やヤマハの「UD＋2」などに端を発する超ストロングロフトアイアンで、7番アイアンで30度未満くらいのアイアンを指します。従来のアイアンよりも1番手どころか2番手くらいロフトが立っていて、とにかく飛びます。いまではロフト25度くらいの7番アイアンすらあり、ストロングロフト化が加速しています。

当初は「番手の数字を書き換えただけ」などとも言われましたが、アマチュアにとってこれまで「5番アイアン」で打っていた170～180Yを「7番アイアン」で打てるということは想像以上に心理効果が大きく、実際にスコアとして結果が出ることで、いまや市民権を得ています。

構造的には、このジャンルはポケキャビが中心です。中空のものもありますが、カテゴリー内でも最大級の飛びを誇るモデルはほとんどポケキャビだと思います。このタイプはスピンではなく球の高さでグリーンに球を止めるので、ストロングロフトでも球が上がる超低重心構造にしやすいことが理由だと思います。多くのモデルはチタンやマレージング鋼などの硬い金属を使ってフェースを薄くし高い反発力を得るとともに、ヘッド内にタングステンなどのウエイトを埋め込んで低重心化しています。

パワーのない人向けのお助けクラブと思われがちですが、「飛ぶ」ということはパワーがある人にもメリットがあります。やはり「小さな番手で打てる」ということは、グリーンまわりまでやさしく運ぶうえで非常に強力な武器なんです。

デメリットとしてはスピン量が少ないこと。一般的なアイアンよりも１０００～２０００ｒｐｍくらい低スピンなので、グリーンにピタッと球を止めるのはむずかしくなります。また飛ぶということは、ロフト１度に対する飛距離が大きいということでもあるので、とくにヘッドスピードの速い人は番手間の距離のピッチが開きやすく、ショートアイアン以下の距離の階段を作りにくいという側面もあります。ただしこれは、前述のようにショートアイアンだけプロキャビを使うなどしてコンボ化したり、ウエッジを増やすなどの手段で補えます。

アイアンの飛距離はクラブによって作られる

「超飛び系」に限らず、アイアンは時代とともにどんどんストロングロフト化が進んでいて、ひと昔前よりも平均して１～２番手分はロフトが立ち、長さも長めになってきている傾向があります。

これはヘッド性能の進化やほかのクラブの飛距離アップなどと連動して起こっている現象ですので、私はある意味「正常進化」だと考えています。かつてアイアンのストロングロフト化でＰＷとＳＷの間のギャップが生じたのを、ブリヂストンとジャンボ尾崎さんが「ＰＳ」を発明して埋め、それが一般化したことからもこの流れは明らかです。

しかしこれと同時にスペックの多様化も進んでおり、同じ番手でもモデルによってロフトにして最大８度前後、長さにして１インチ前後もの幅が生じるようになっています。だからこそ、もはやアイアンを「何番」という番手の数字だけで論じるのには無理が生じてきているのが実情です。

そのため「７番アイアンは１５０Ｙ」というような自分ルールによる決めつけをするのは危険です。飛び系のアイアンに買い替えたあとなどはとくに、この決めつけにこだわった結果、前のクラブと同じ番手で同じ距離を打とうとして無意識に抑えて打つクセがついてしまい、スイング全体に悪影響が出たり、逆に飛び系ポケキャビからプロキャビに買い替えたのに無理に同じ距離を打とうとして振り回し、ミスばかり出るなどということも起こり得ます。

また、スペックにこだわって、「自分の何番アイアンはロフト何度で長さは何インチ」などと決めつけるのも同様です。クラブ選びの選択肢が狭まりますし、せっかくやさしく飛ばせるアイアンをわざわざロフトを調節して飛ばないようにして使うなんてことも本末転倒ですからね。

大事なのは、そのクラブが何ヤード、どんな弾道で打つのがやさしいかというところを出発点にすることです。もちろんマン振りのフルスイングではなく、普通に振って何ヤード飛ぶか。その結果、下の番手に距離のギャップが生じたらウエッジを増やせばいいですし、上の番手に問題があればＵＴやＦＷを増やすなどの工夫をすればいいんです。アイアンの距離は自分で作るのではなく、クラブによって作られるものです。

アイアンシャフトの選び方

アイアンのシャフトはドライバーと違ってカーボンシャフトもスチールシャフトもあり、重いものと軽いものとで80g以上の幅があります。重さのチョイスはクラブの振りやすさを大きく左右しますが、実質的にはほぼプレーヤーのパワーによって重量帯が決まると言っていいでしょう。目安としては、ドライバーのヘッドスピードが40～43m／秒の人で100g前後のシャフトが概ね適正で、パワーがあってヘッドスピードが速い人ほど重め、ヘッドスピードが遅めの人は軽めが合いやすいと考えてください。

シャフトそれぞれの特性の多様化は進んでいますが、大きく言ってしまえばこれは球の高さを変える要因。打ち出し角やスピン量を変化させ、球質に影響を与えます。ただしアイアンはいろいろなライから打つ道具であり、飛距離よりも精度が求められるクラブである点、そしてロングアイアンからショートアイアンまで長さや重さの幅もあるため、ドライバーのシャフトほどの個性の差は出しにくく、狭い範囲での多様化と言えるでしょう。

純正シャフトに関しては、マッスルバックやプロキャビにはダイナミックゴールドやモーダスシリーズなどの重めで操作性が高いシャフトが多く装着されています。これらは先端側の剛性が高く、プレーヤーのスイングに機敏に反応してくれる高い操作性を備えている反面、打点のズレに対する補正力や球を拾って上げてくれるような「お助け機能」は低いという側面があります。

一方、ポケキャビや中空アイアンなどに装着されているアマチュアターゲットのシャフトは、先端剛性が低めで球を拾いやすく、ミスに対する補正能力も高いので、アマチュアにとって「やさしい」機能を備えているものが多いと言えます。

スチールシャフトが重くてもゆったりしなる特性を持たせやすいのに対して、カーボンシャフトは重くすると肉厚化しすぎてしならせにくいのですが、その反面、軽く作っても設計自由度が高いので軽量シャフトに向いています。そのため、パワーのない人でも高さや距離を出せるシャフトが作りやすいのがカーボンシャフトの特徴です。

なお、カーボンシャフトにはインパクトの衝撃を吸収する効果があるので、手首やヒジなどにケガを抱えている人がカーボンシャフトに替えて症状が軽減されたというケースもあり、そういった側面も見逃せません。

「使える」と「打てる」の違い

アイアン選びでむずかしいのは、「打てる」クラブが「使える」とは限らず、そこを勘違いしやすい点です。というのも、自分にとってちょっとハードなアイアンであっても、練習場で7～8番くらいをある程度の球数打っていれば、真っすぐ飛んでそこそこ上がる球が出てしまう、つまり「打ててしまう」からです。

しかしこの「打てる」アイアンも、実際に弾道を細かくチェックしてみればタテの距離や球の高さが安定せず、つまり落下点が安定しないことがわかります。これをコースに持ち込んでも結果は出ませんので、現実的には「使えない」ということになってしまいます。

アイアンは、どこまで上がってどこに落ちるか、つまり高さとタテの距離がそろってはじめて実戦で役立つクラブになります。ですので購入前にチェックする際も、球の高さと落下点を確認し、それらがある程度の範囲にまとまることが「使える」条件になります。これは「どの番手まで使える」のかという点でも同じですので、気をつけてください。

練習場でそこそこの球が出ているように見えても、高さや距離感がそろっていなければコースで「使える」アイアンとは言えない

気持ちよく構えられる「顔」を選ぶ

アイアンにおいて構えたときの「顔」は意外に重要な機能を担っています。自分にとって必要十分な機能をバランスよく備えたアイアンというのは、構えて気持ちがいいものですが、反対に第一印象に違和感があり「構えにくいな」と感じるクラブはどこかバランスが崩れている場合が多いので、注意しなければなりません。

まずはヘッドの大きさに対するフェース面の大きさ、トップブレードの厚さ、それらに対するソールの幅。そして出っ歯かグースネックかというFP値など。自分のミート率に対してヘッドが小さすぎたりトップブレードが薄すぎれば「当たるかな」とか「当たり負けしそう」というような不安が生じますし、スイングの特性とネックの形状などが合わなければ、インパクトのイメージがわかなかったりします。こういった要素は細かく挙げればそれぞれが機能を担っているのですが、何より総合的に「構えやすい」と感じるかどうかという直感は大事です。自分にとって気持ちよく構えられるアイアンを選びましょう。

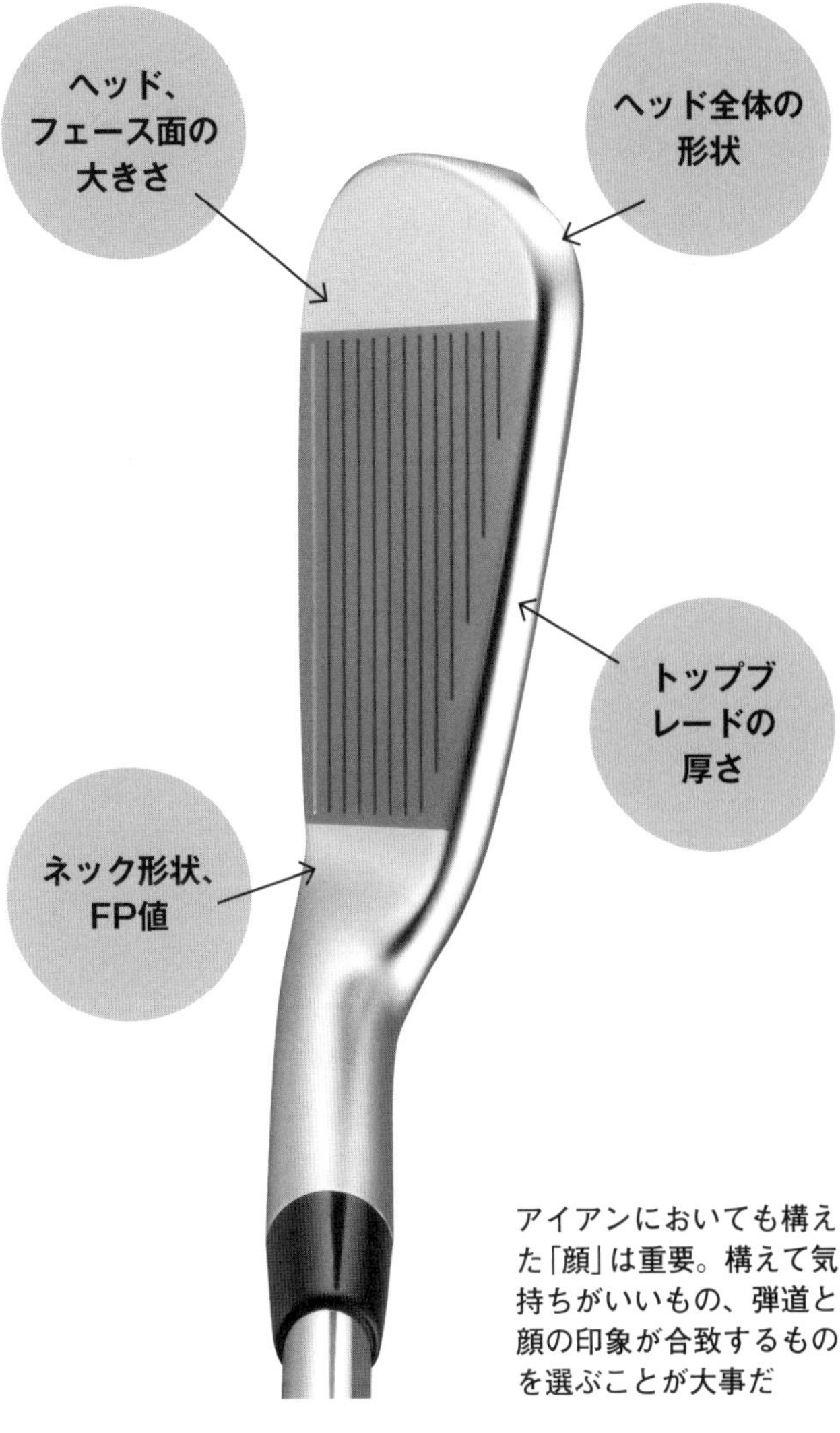

アイアンにおいても構えた「顔」は重要。構えて気持ちがいいもの、弾道と顔の印象が合致するものを選ぶことが大事だ

Columun 03

軟鉄鍛造は高機能？

アイアンの素材では「軟鉄」が一種のブランドというか、ありがたがられる傾向にあります。「軟鉄鍛造」と書いてあるからいいアイアン、みたいな風潮もありますよね。

軟鉄のメリットは、打感や打球音のフィーリングです。軟鉄を鍛造することで、プロや上級者が好むやわらかい打感を演出しやすいんです。しかし軟鉄鍛造では、複雑な形状のヘッドを設計しにくく、バックフェースが深くえぐれたポケキャビや中空ヘッドは作れません。そのため、低・深重心の高機能アイアンはステンレスなどの鋳造で作られています。また、フェース部分にマレージング鋼やチタンなど硬くて弾きのある素材を使えば、フェースを薄く・軽くしてその分の余剰重量でタングステンのウエイトを埋め込むなど設計の重度を上げられますし、最近では樹脂系の素材を使うことでやわらかい打感の演出もできます。

その意味では軟鉄鍛造はフィーリング、異素材を使ったものは機能を重視したアイアンと言えるでしょう。

第4章

WEDGE
ウエッジ

第４章
ウエッジ
WEDGE

ウエッジはスコアメイクの生命線

アイアンの章でも触れましたが、アマチュアゴルファーのパーオン率は、シングルプレーヤーでも3割あれば上等というくらいで、一般的なアベレージゴルファーはアイアンショットがグリーンをとらえる確率よりも、外す確率のほうが圧倒的に高いのが実情です。

ということは当然、グリーンを外してもそこから2打であがる確率を上げることがスコアメイクのカギになります。仮にスコア１００前後の腕前で寄せワンがそれほど期待できない人であっても、グリーンまわりから4打かかってしまってはスコアになりません。グリーンまわりからはできれば2打、最低でも3打であがらなければならないのです。

その意味で私は、アマチュアにとってウエッジはドライバーに次いで重要なクラブだと考えています。にもかかわらずアマチュアの多くはウエッジ選びに無頓着すぎ。モデル選びはもちろん、ロフトやバンスなどのスペックを「なんとなく」選んでいませんか？ ここに明確な意図を持たせられるかどうかで、スコアは大きく変わってきます。

パーオン率が高くないアマチュアにとって、ウエッジはスコアメイクの重要な役割を担う。ウエッジを充実させることはスコアメイクに直結する

ＰＧＡでもウエッジ４本が当たり前

みなさん、キャディバッグにウエッジは何本入っていますか？　ＰＷの下に52度と58度の２本だけという人が多いのではないでしょうか。これは明らかに時代遅れで、スコアメイクの足かせになっている可能性が高いと言わざるを得ません。

最近ではＰＧＡツアーを見ても、ＰＷの下に50度、56度、60度のように３本か、場合によっては48度、52度、56度、60度のように４本のウエッジを入れている選手がめずらしくありません。ＰＷから数えればウエッジ４～５本態勢です。これは、超絶技巧を持ったトッププロでさえ、ウエッジの数を増やさないと１００Ｙ以下の距離を攻略できないということ。アプローチの精度はもちろん、寄せ技のバリエーションでもプロに遠く及ばないアマチュアが、たった３本のウエッジでグリーンまわりを攻略できるわけがないんです。

「たくさん入れても使い分けられない」という人は、使ったことがないだけ。実際にコースで試してみれば、ウエッジが多いほど便利なことはすぐに実感できるはずです。

バッバ・ワトソン

ダスティン・ジョンソン

リッキー・ファウラー

アダム・スコット

ブルックス・ケプカ

ジャスティン・トーマス

ＰＧＡツアーでもウエッジを４本入れるセッティングが一般的。本数を増やすことでショートゲームのバリエーションが広がる

ロフトのバリエーションは寄せのバリエーション

なぜウエッジの本数を増やす必要があるかと言えば、ウエッジがアイアンやほかのクラブとは比較にならない高精度の結果が求められるクラブだからです。

アプローチはただグリーンに乗せるだけではダメで、ピンに寄せることが求められます。しかも１００Ｙ前後から２Ｙくらいまで、アイアンにして10番手分にも相当する幅の距離をカバーしなければならず、それはフェアウェイはもちろん、ラフ、バンカー、傾斜など、あらゆるライへの対応が要求されます。これをどんな場合でも５メートル四方くらいの精度にまとめるのに、たった２本のクラブでできると考えているのなら、甘すぎるのではないでしょうか。

まずフルショットの距離で考えると、ドライバーのヘッドスピードが40～43ｍ／秒の一般的なアマチュアで、ロフト１度で約３～５Ｙくらいの差が出るのが普通です。したがって46度ＰＷの下に52度と58度ＳＷで６度ピッチのウエッジ３本態勢だと、各番手間20～30

Ｙもの距離が開きます。これを4度ピッチにすれば、各番手の距離差は10〜12Ｙ。これなら中途半端な距離が残っても、グリーンに乗せられる確率はグンと上がるはずです。

さらにウエッジの本数が増える＝ロフトの選択肢が増えるということは、アプローチの弾道のバリエーションが増えるということ。同じ30Ｙの距離を打つのにも、46度のＰＷで打つのと60度のＬＷで打つのでは球の高さが決定的に変わりますし、キャリーとランの比率も劇的に変わります。前者なら低めの球で10〜15Ｙくらいキャリーしてあとは転がって寄っていきますが、後者で30Ｙ打つ場合は25Ｙ前後キャリーして、ランはほとんど出ずにボールが止まります。番手が増えるということは、この間を埋める球の高さとキャリー対ランのバリエーションが増えていくということ。その結果、ピン位置やグリーンの状態などが変わってもピンに寄せられる可能性がアップするのです。

アプローチが得意な人なら58度のＳＷ１本でこれらの球を打ち分けられるかもしれませんが、それには絶対的な練習量と実戦経験が必要になります。しかし仮にその技術を持っていたとしても、クラブを替えて打ち分けたほうがはるかにシンプルで安全です。

その意味では、私はアマチュアの方にもぜひ60度のウエッジを入れてほしいと思っています。やはり球を上げて止めなければならないアプローチは難易度が高く、オートマチックに球を上げてくれる多ロフトウエッジがあると、アプローチが楽になるのです。

バンスがミスを防いでくれる

「ソール」はウエッジにおいて非常に重要な機能を担っています。タイトリストの人気ウエッジ「ボーケイ」シリーズは、同モデルで4〜5種類ものソールバリエーションを用意していますが、これはソールの重要性を示す何よりの証拠と言えるでしょう。

ソールのリーディングエッジよりも下に出っ張った部分を「バンス」と呼びますが、このバンスはインパクト前後でソールが地面に潜るのを防ぐ効果があります。そのためバンス部分がどんな形状をしていてどのくらいの高さ、ボリュームがあるかによって、インパクト前後のヘッドの挙動が大きく変化し、同じ入り方をしてもミスになったりならなかったりするのです。

バンスは「バンス角」という数値で表記されますが、ソールをよく見比べてみるとわかるようにモデルによってソールの形状が違うので、バンス角の数値が同じでもソールの効き方はそれぞれ。ソール形状をよく見極めることが重要です。

バンスがあるからヘッドが地面に刺さらずに抜けてくれる。インパクトが安定しないアマチュアにとってはとくに、ミスを防ぐ重要な効果がある

バンス角がある程度大きいほうがやさしい

ウエッジのバンス角は、アマチュアにとっては大きいほうがやさしいと言われています。バンスは、インパクトでボールとコンタクトする直前にソールが地面に当たることによって、ヘッドの傾き＝インパクトロフトをそろえる効果があります。そのためバンスが大きくて地面によく当たるウエッジは、入射角が多少バラついてもいつも同じようにヘッドがボールとコンタクトするように補正してくれるというわけです。またバンスは、不安定なライに接地してもヘッドを前に滑らせてくれ、ソールが突っかからずにスムーズに抜けやすくする効果もあります。

そのため大バンスのウエッジは、入射角や軌道が安定しない人にとってはそれによって生じるミスを防ぐ効果がありますが、入射角やソールの入れ方を繊細にコントロールできる人にとっては、それをジャマして画一化してしまう側面もあります。大バンスを「ソールが跳ねる」と嫌がる人は、このようなことを指して言っているのです。

ソールのリーディングエッジよりも下に突き出た部分が「バンス」。アマチュアにとっては、ある程度大きいほうがやさしい

ソール幅とグラインド

バンスは、角度だけでは測れないと言いましたが、それはバンス角がソール幅と相互に関係しているからです。同じバンス角でも、ソールの幅が広ければその分リーディングエッジより下に出っ張る量が増えるので、地面に当たる面積が大きくなります。つまり、同じバンス角なら、ソール幅が広いほうがバンス効果が大きくなりやすいんです。

またソールのグラインド（削り）もバンスの効果に影響します。ソールのヒール側を削ってバンスの高さを一部分だけ低くすることで、スクエアな状態では高かったバンスが、フェースを開くとローバンスな状態になるようなフレキシブルなソールになります。これによって、フェースを開いたときなどに意図せずバンスが効いてしまうのを避けることができますし、ソールのトウ・ヒール方向に丸みがつくので、傾斜地やクラブを短く持ったときにもソールがジャマになりにくいなど、ウエッジの使い方に幅を持たせることができます。ただし絶対的なバンス量は減るので、許容性が多少落ちるのは避けられません。

同じバンス角でもソールの削り方によってバンスの効果は異なる。自分にとって使いやすいソール形状を見つけよう

ウエッジはシャフト選びも重要

ウエッジは単品で買うことが多いので、シャフト選びにも注意が必要です。

ウエッジのなかでもショットで使う機会が多いものに関しては、アイアンと同じシャフトでよいでしょう。具体的にはＰＷや、50〜54度くらいまでのウエッジがこれです。アプローチでも使うとはいえ、メインの仕事はアイアンの延長としての距離の打ち分けなので、アイアンと同じフィーリングで振れるほうが安全です。

それよりロフトが多いアプローチメインのウエッジに関しては、アイアンのシャフトよりも10〜20g重いもののほうがインパクトが安定しやすくおすすめです。ラフから小さな振り幅で打たなければならないような場合も、重めのほうが安定します。

最近は、スピン量が増えやすいものや、逆にスピンがかかりすぎずに安定するもの、ちょっとボールを拾いやすいものなどウエッジ用シャフトもバリエーション豊富なので、うまく選ぶとアプローチの助けになりますよ。

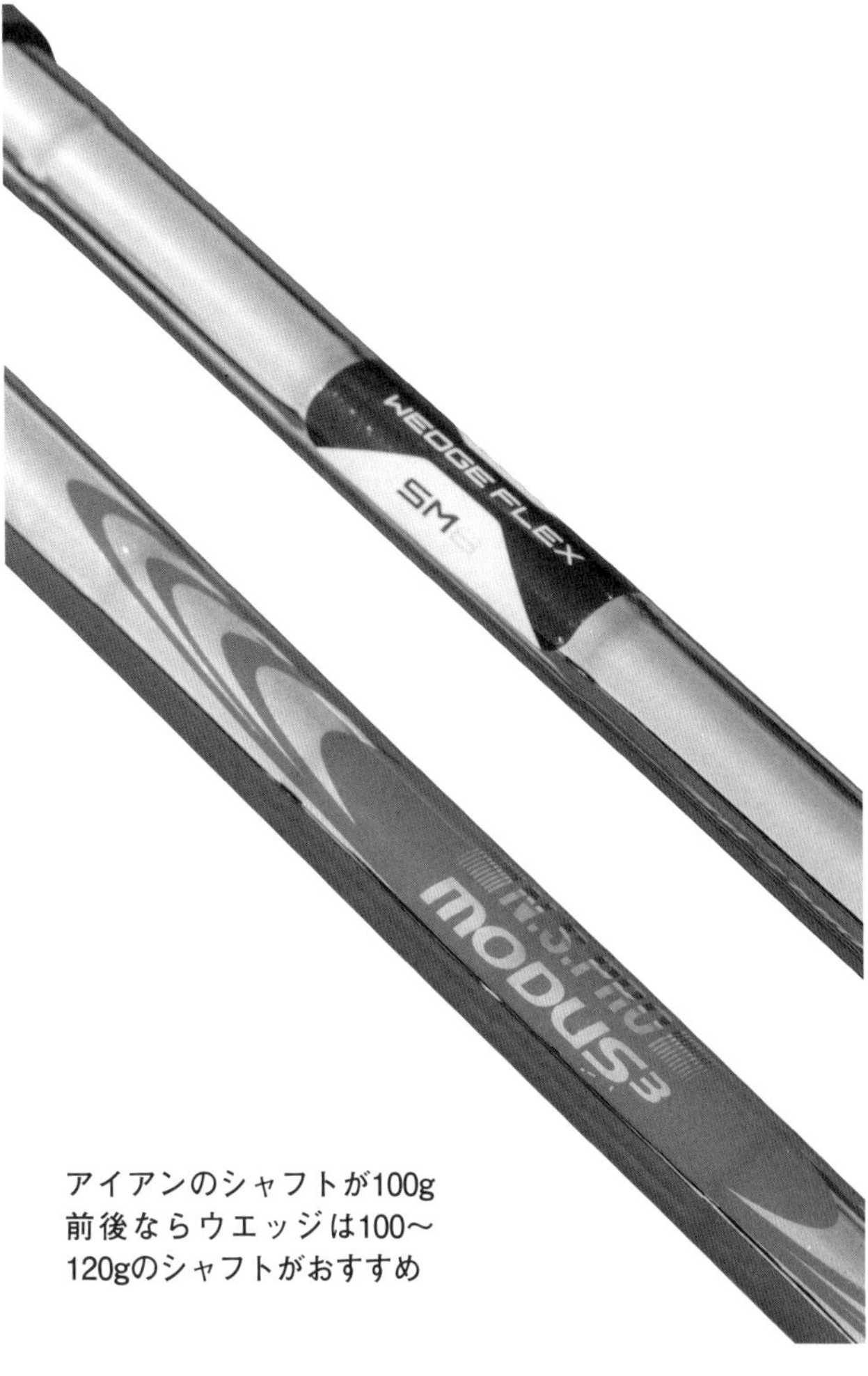

アイアンのシャフトが100g前後ならウエッジは100～120gのシャフトがおすすめ

バンカーはバンスのボリュームが大きいほどやさしい

ウエッジに求められる守備範囲の1つがバンカーショットです。バンカーを苦手としている人は打ち方に問題がある人が多いのも事実ですが、バンカーがやさしく打てるウエッジをバッグに入れることで、それをカバーすることはとても有効だと思います。

バンカーショットに関しては、バンス角が大きくてなおかつソール幅が広い、つまりバンスのボリュームが大きければ大きいほどやさしいと考えて差し支えありません。バンスが大きければ、ヘッドが砂に潜りすぎずに砂を爆発させられるので簡単に脱出できます。これならばボール位置を普段よりもちょっと左に置いて普通にスイングするだけでいいので、バンカー脱出に特別な技術が必要なくなります。

バンカーが苦手な人は、バンカー専用に設計されている超ワイドソールウエッジを入れるのも手ですが、60度などのロフトが多くて球が上がりやすいウエッジでハイバンス&ワイドソールのモデルにすることでカバーしてもいいでしょう。

極端なワイドソールになっているウエッジは、バンカーが苦手な人にはおすすめなので1本入れておくと安心

バンカーショットもウエッジの重要な役割。バンス角が大きくてソール幅が広いものが、ヘッドが砂に潜りにくく脱出しやすい

ウエッジのモデル選び

ここまでウエッジの機能を説明してきましたが、総合的にどういったモデルを選べばいいかについて最後にまとめてみましょう。

まずヘッドのサイズですが、アイアンセットからの流れを大事にしてください。とくにＰＷから50〜54度くらいまでのショットメインのウエッジは、アイアンと比べて極端にヘッドが小さくならないようにしたほうが自然にショットしやすいと思います。

これはネック形状も同様で、グースが強いネック形状のアイアンを使っているのにウエッジが出っ歯のモデル（もちろんその逆も）だったりすると、セッティングの流れを損ない、無用なミスを増やすことがありますので注意してください。

ウエッジのネック形状は、ＦＰ値の大きいストレートネック・出っ歯系のウエッジはヘッドが小ぶりで操作性の高いモデルが多く、ＦＰ値の小さいグースネック系のウエッジは大きめのヘッドでワイドソールのオートマチックな挙動をするウエッジが多い傾向があると思います。ただこれはあくまで目安でしかないので、こだわりすぎず、自分にとって構えて安心感のある、アドレスしやすい顔のウエッジを選ぶことがいちばん大事です。

なお、ウエッジにオートマチックなやさしさを求めるなら、アイアンセットのウエッジを使うのも手です。セットのウエッジはアイアンからの流れがよく、一般的にはヘッドが大きめでオートマチックなものが多いんです。ただし、ロフトピッチが開きすぎているものもあるので、カタログで確認するのを忘れないでください。もちろん、ＰＷ、ＡＷあたりまでアイアンセットのものを使い、その下を56度、60度などの単品で補うのもよいでしょう。

ウエッジを開いて使える人は、フェースの開きやすさも重要なポイントです。フェースを開いたときに方向のイメージをしやすい顔をしているか、開いたときにバンスがどんな当たり方をするかなど、自分にとっての好みを見つけてください。

ウエッジにスピン性能を求める人は、短い距離でしっかりスピンがかかるかチェックしましょう。スピンの効き方も、低く出てかかるのか、高めに出てかかるのか、またはかかりすぎないのかなど好みがあると思います。これらはフェースの溝、ヘッドの重心、ソールの形状などが複雑に関係して決まるので一概には言えません。いろいろ試して自分に合ったものを選ぶようにしてください。

Columun 04

ウエッジのスピン性能とは？

ウエッジにスピン性能を求める人は多いですが、スピン性能の正体とは何なのか。

アマチュアがイメージするバックスピンは、ボールがグリーン上で戻るような状態だと思いますが、プロが打てば50Y以上の距離ならウエッジの性能に関係なくスピンバックします。プロが求めるスピン性能とは、もっとヘッドスピードが低い短い距離で、スピンでブレーキをかけようと狙って打ったときに意図した高さで球が出て意図したスピンが入ることです。

フェースの溝が規制されたいま、この機能を担うのは溝の性能以上にプレーヤーの意図どおりに機敏に操作できるヘッドということにほかなりません。簡単に言えば、いちばん大事なのはソール形状です。インパクトで自分のイメージどおりにヘッドが動き、球を拾えるソール。つまり自分のスイングとの相性という要因が大きくなっています。市販のウエッジのソール形状のバリエーションが増えているのは、これを物語っています。スピンを重視するなら、「自分に合ったソール」を見つけることが大事なのです。

第5章

PUTTER

パター

第5章

パター

PUTTER

パターはミスのわかりにくい道具

パターはほかの13本のクラブと比較にならないくらいヘッド形状のバリエーションが豊富ですし、フェースインサートやヘッドの色、サイトライン、グリップなども多種多様なので、選び方がむずかしいクラブと言えます。

さらにパターは、ミスがわかりにくい道具でもあります。実際は、打点はしょっちゅう上下左右にズレますし、フェースが開いたりかぶったり、軌道がアウトサイド・インになったりインサイド・アウトになったりする、つまりショットで言えばトップやダフリ、スライスやフックなどのミスが出ているのですが、そのミスがショットのように空中で大きく曲がったり、地面を叩いたりという形で現われるわけではないので、気づきにくいんです。だからこそパターでも、自分によく出るミスを踏まえたチョイスをすることが重要です。

「飛ぶドライバー」はあり得ますが、「入るパター」は存在しません。あくまで自分に合っているかという相対的な要因が最重要なクラブだということを忘れないでください。

パターでも打点のズレなどのミスは起こっているが、それがわかりにくい。自分に合ったものを使うことがとても重要だ

真っすぐ構えられるパターを選ぼう

パターにおいてもっとも重要なポイントは「狙ったところに真っすぐ構えられる」ということです。誰しも真っすぐ構えているつもりなのに、実際はほとんどの人が狙ったところにフェースを真っすぐセットできていません。フェースの向きがほんの数度ズレるだけで、２m先ではそれが10㎝以上のズレになる。パターが苦手、とくにショートパットをよく外す人は、まずここに問題があり、パターを真っすぐ構えられていないのです。

フェースを真っすぐセットできているかどうかは、自分が構えた状態ではなかなかわからないし、わざと曲がった構えをしている人もいません。ですので、パターを買う際は、構えた状態でフェースがちゃんとターゲットを向いているかを第三者にチェックしてもらい、真っすぐにセットできるパターを買うようにしてください。構えやすさはヘッドの形状やサイトラインの入り方などに左右されます。自分がヘッドのどこを見て「真っすぐ」に合わせているのかのクセを知っておけば、パター選びの失敗は減らせます。

「平行」が多いパター

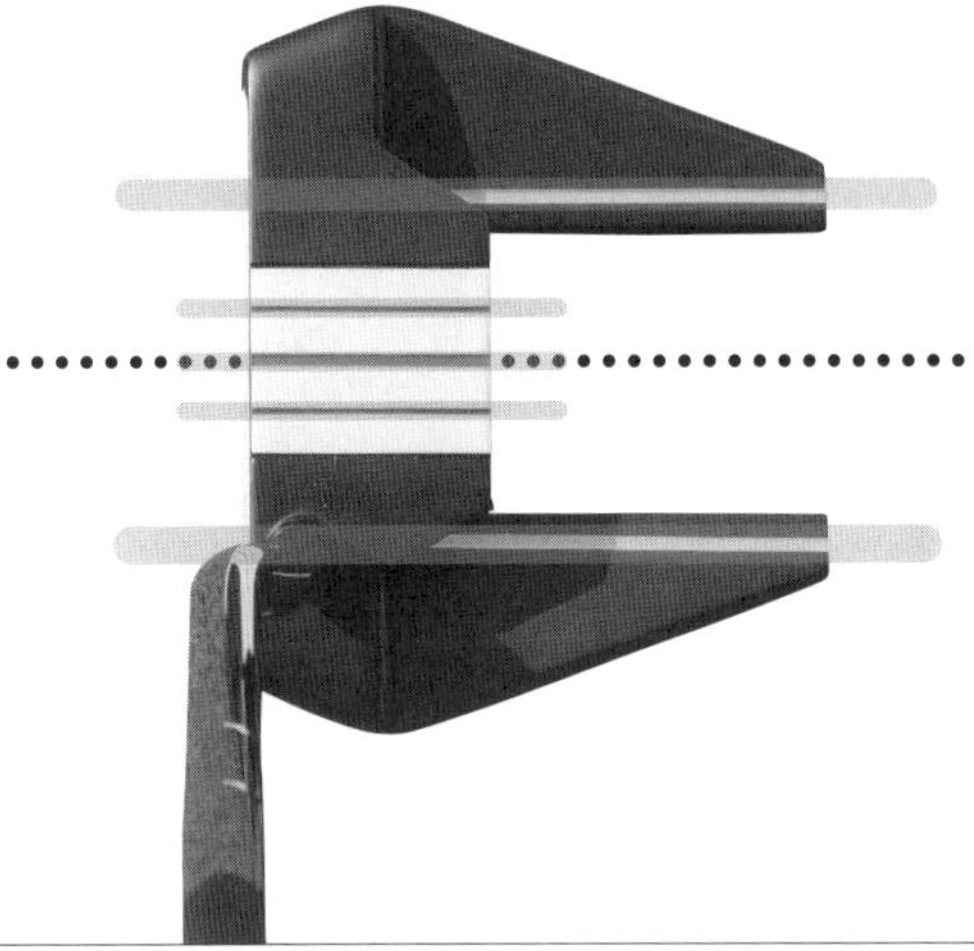

「直角」が多いパター

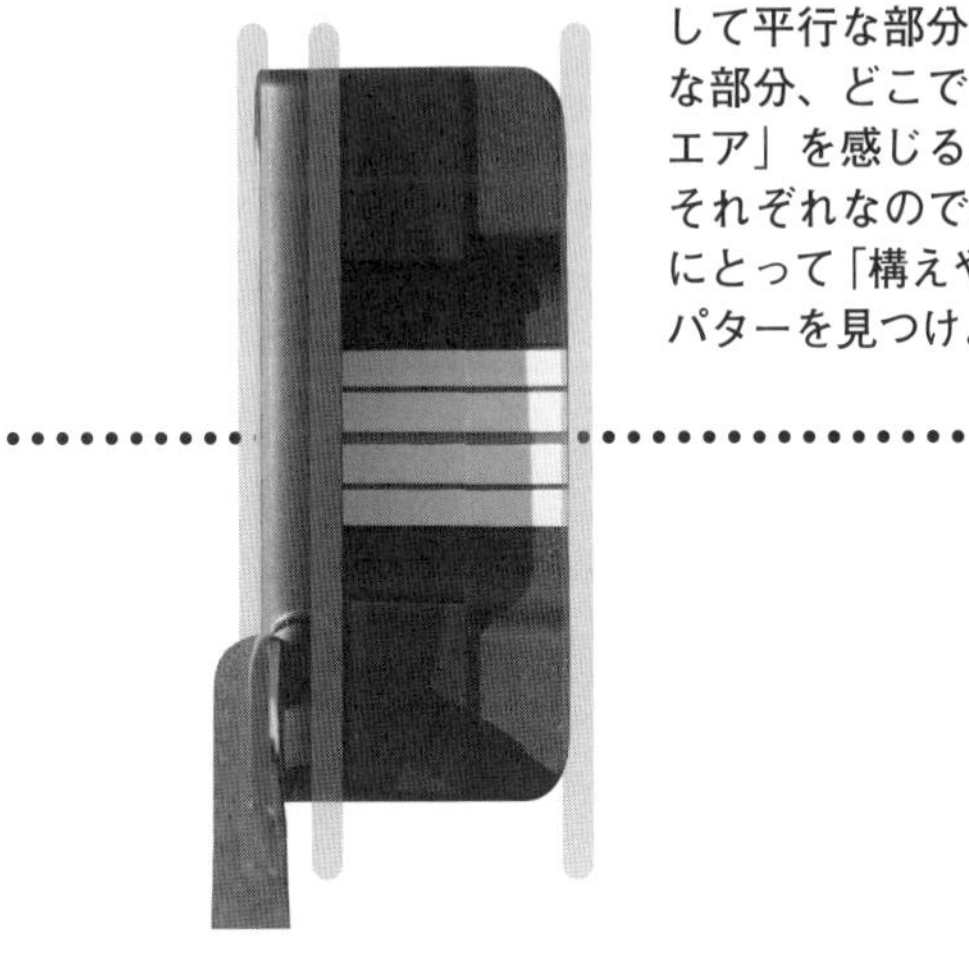

ターゲットラインに対して平行な部分、直角な部分、どこで「スクエア」を感じるかは人それぞれなので、自分にとって「構えやすい」パターを見つけよう

パッティングの距離感とパター

パッティングの距離感は、距離「勘」と言われるくらいフィーリングが大事で、「このくらい」というプレーヤーの感覚と、実際に打ったときの転がりが一致するかどうかがすべてです。具体的には、インパクト時の打感とボールが飛び出すスピードが同調するパター。「この音だとボールスピードはこのくらい」というのを頭の中でイメージし、その音が出るようなインパクトをした結果、そのように転がるというパターを見つけてください。しかしパターマットでは、これが合わなくてもカップインしてしまうのでアテになりません。できればコースで、ある程度長い距離を打ってチェックしましょう。

打球音とスピードのマッチングを左右する最大の要因はフェースです。だからこそオデッセイなどは、同じヘッド形状でさまざまなフェースのパターをラインナップしているのです。ヘッドの材質、インサートやミーリングなどのフェースの素材・加工など、自分の好みを見つけましょう。もちろんボールが変われば打感も変わるので注意してください。

同じヘッド形状でもフェースインサートはさまざま。ソリッドな打感の金属のもの、やわらかい樹脂製のもの、そのハイブリッドなどがある

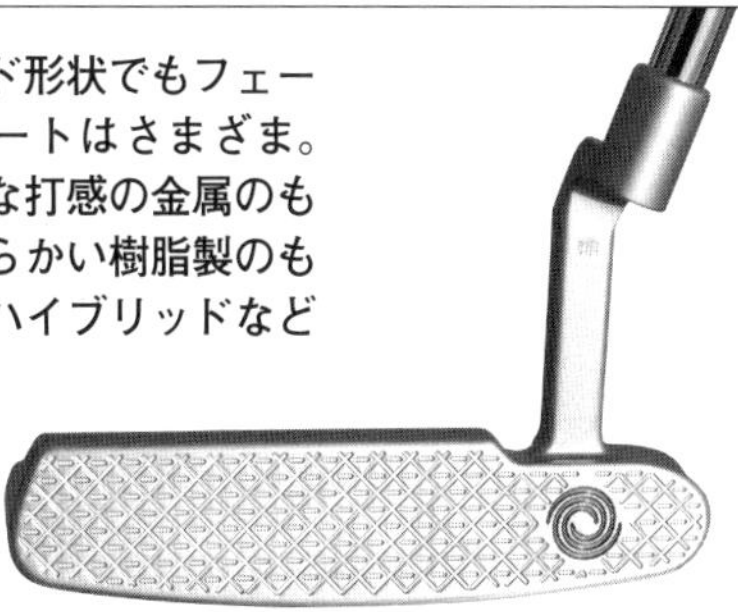

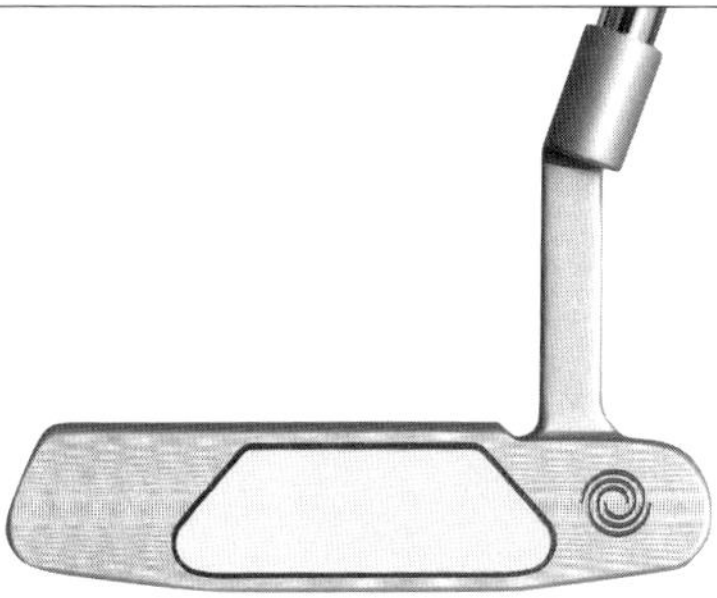

ヘッドとグリップの重さ

打感に加えて、ヘッドの重さも距離感を左右する大きな要因の1つです。ヘッドの質量が大きいほうが同じ振り幅・スピードでストロークしてもインパクトのエネルギーが大きくなるので、重いヘッドのほうが「飛ぶ」傾向はあると思います。

ただし、パターはほかのクラブと違ってグリップのバリエーションが豊富で、重さも太さも形もさまざまです。そのためヘッドの重さにグリップが影響を与えて、実際の重さと感じる重さにギャップが生じることがあります。グリップが太くて重いほどヘッドは相対的に軽く感じやすいですが、これらは総重量とも関係してくるので一概に言えないむずかしさがあります。いろいろ試しながら、イメージとタッチの合うパターを探してください。

重さに限ったことではありませんが、キャリアの長い人ほど固定観念に縛られがちです。パターほど決まりのないクラブはないのですから、自由にいろいろ試してほしいですね。悩んだら、自分のなかの「決めごと」をリセットしてみる勇気も必要ですよ。

グリップの形状・重量もさまざま。実際に握ってストロークしてみて、自分に合うもの、ヘッドとの相性のいいものを見つけよう

パッティングストロークのタイプ

パッティングのストロークは「真っすぐ」がいいと言われたりもしますが、実際は本当に真っすぐにヘッドを動かすのはむずかしく、ショット同様にインサイドから入ってインサイドに抜けていくような「アーク」、もしくはストレートとアークの中間的な「セミアーク」の動き人でストロークしている人がほとんどです。フィッティングのデータを見ても、「ストレート」でストロークしている人は1～2割しかいません。

たしかに短い距離を正確に打つにはストレートな動きにメリットがありますが、自分のナチュラルな軌道を矯正してストレートにストロークするには相当な練習が必要です。理想を追い求めるよりも、自分がどう動かしているかを客観的に知り、それを生かしていくほうが合理的ですし、そのほうがコースでは結果が出やすいです。いちばんよくないのは、実際の動きと自分のイメージにギャップがあること。まずはイメージと実際の動きのすり合わせをすることが、パッティング上達への近道と言えるでしょう。

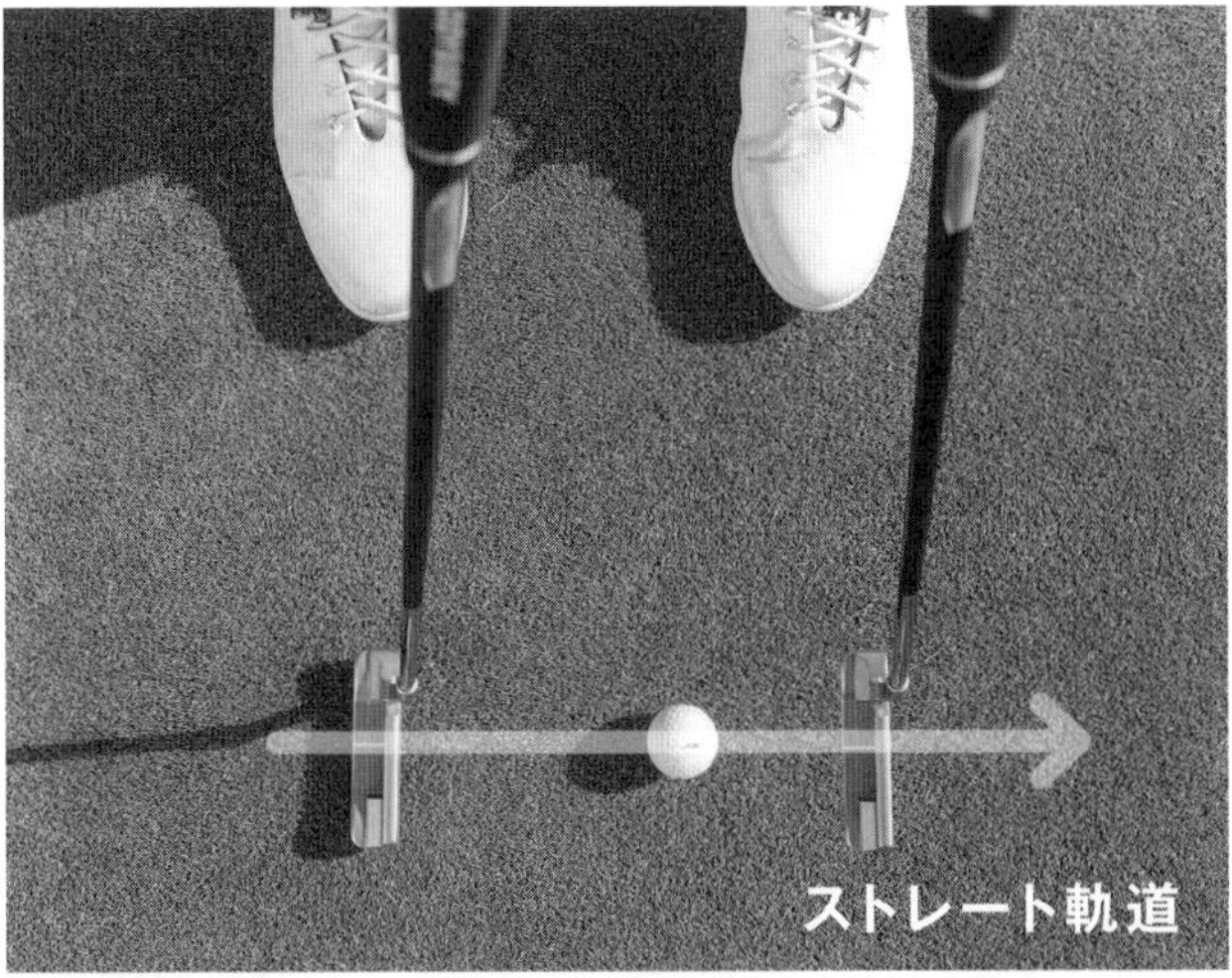

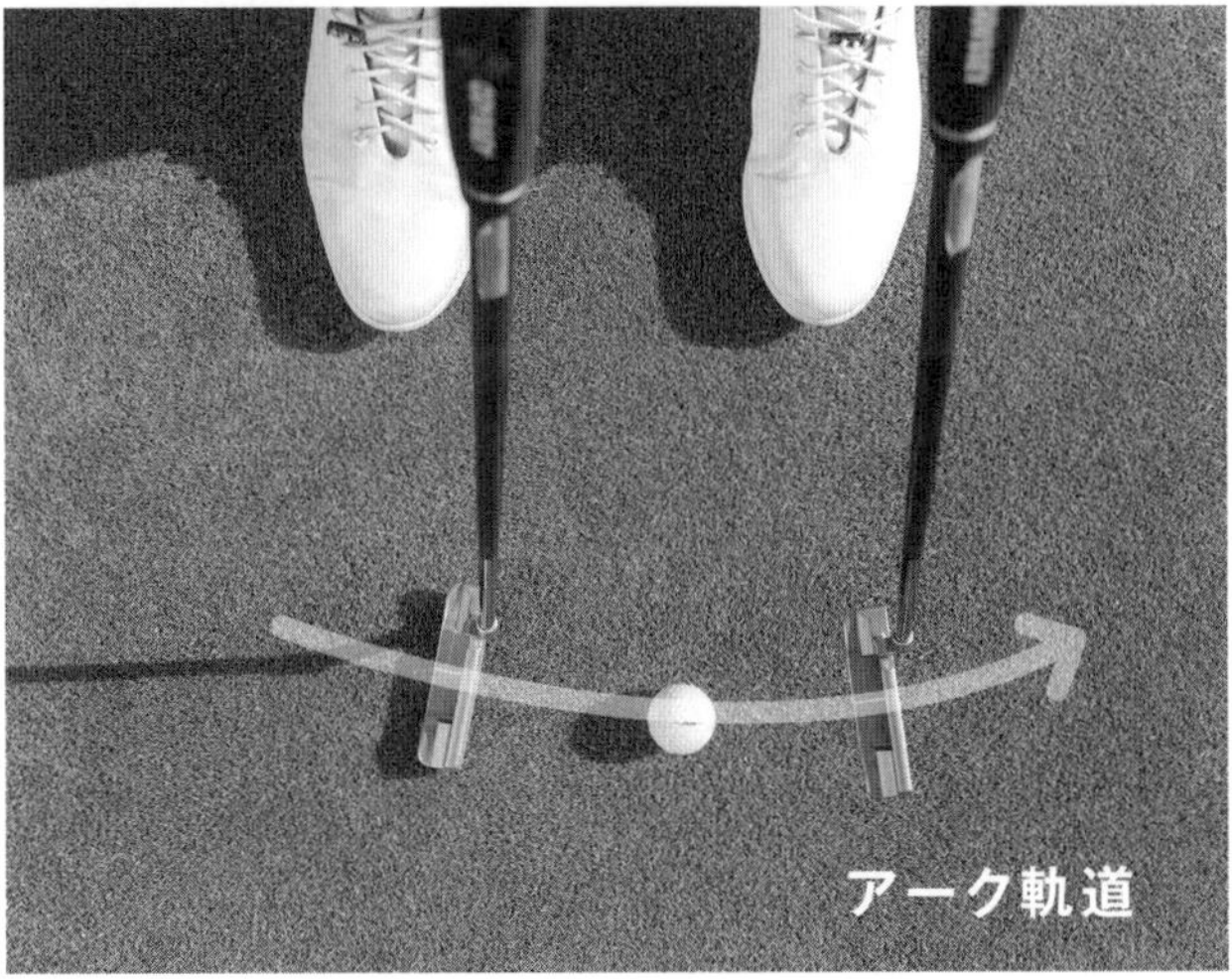

自分がどちらをイメージしていて、実際はどうストローク
しているのかのすり合わせをしておくことはとても重要

パターのヘッド形状1　L字

パターのヘッドはいろいろな形状がありますが、大きく分ければ「L字タイプ」「ブレードタイプ」「マレットタイプ」の3つに分けられると思います。

まずL字のタイプですが、ヘッドのヒール側にネックがついているタイプで、重心距離が長いため、パター以外のほかのクラブと似た挙動をしやすいパターと言えます。そのためパッティングのストロークだけを特別視せずに、アプローチの延長のような感覚で打ちやすいパターです。

実は、ショートスラントネックのパターも同じカテゴリーに属します。最近では慣性モーメントの大きい大型ヘッドのネオマレットパターにあえてショートスラントネックを挿し、ミスマッチによる独特のフィーリングを生み出すケースが増えています。アークのイメージはあるけれども、L字では敏感すぎるという人などにハマりやすく、プロにも愛用者が増えています。

L字

シャフトがヒール側についていてフェースが細長く、重心距離が長いのでショットの延長のようなイメージでアークタイプのストロークがしやすい

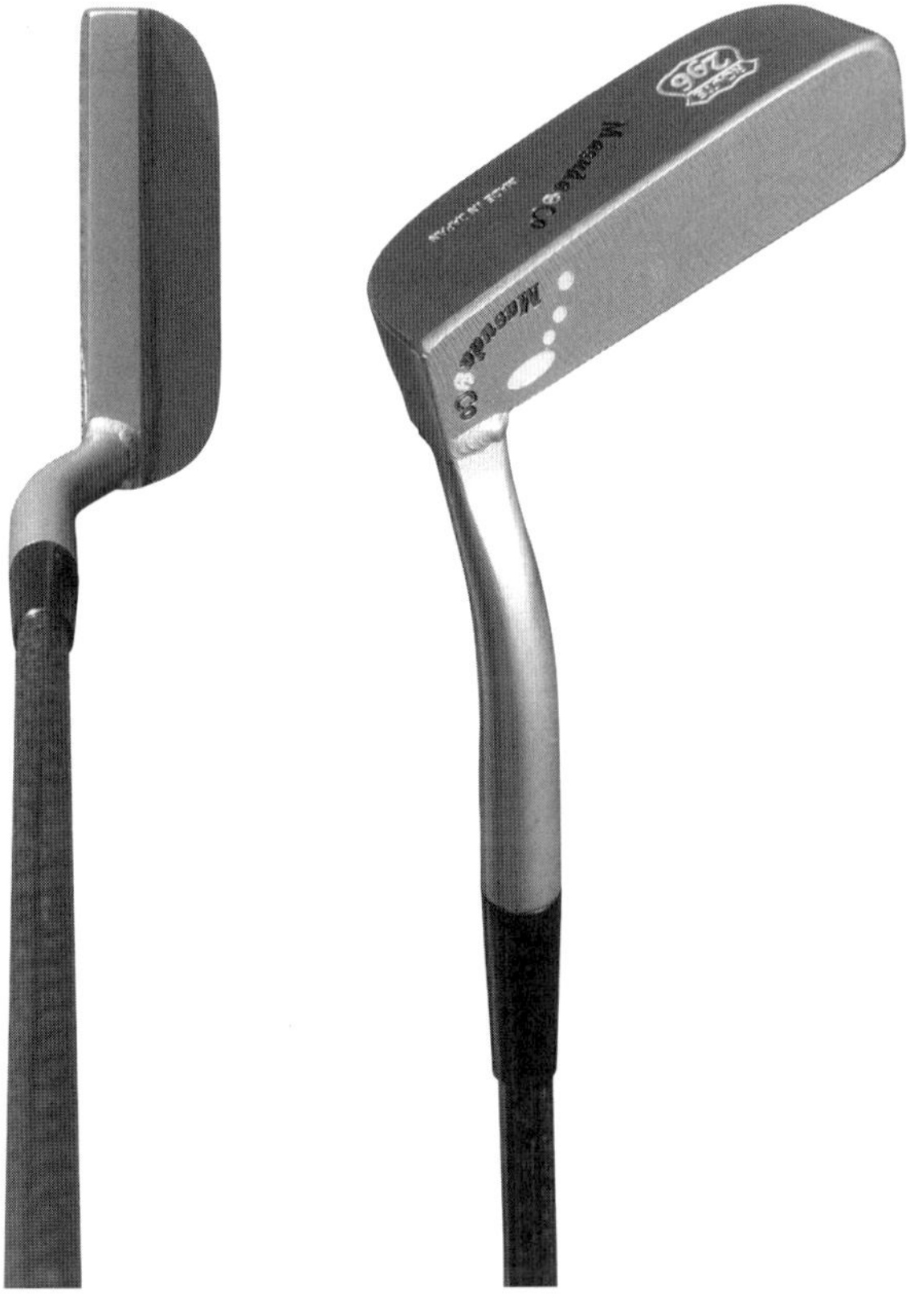

パターのヘッド形状2　ブレード型

細長い長方形のヘッドで、トウ側とヒール側に重量配分されているのが「ブレード型」。いわゆる「ピン型」と呼ばれるヘッドで、ピンのアンサータイプやスコッティキャメロンのものなどが有名ですね。ピンの創業者であるカーステン・ソルハイムが発明し、いまではパターヘッドのスタンダードになっています。

登場した当時（1960年代後半）は、トウとヒールに重量配分されていてミスヒットに強く、ヘッド形状が左右対称なうえ、フェース側のブレード部分が直線をイメージしやすいのでスクエアにセットしやすいなど画期的でやさしいパターと考えられていましたが、現在では操作性が高い部類のヘッドと言っていいでしょう。

ヘッドは同じように見えてサイズや縦横比が違ったり、エッジが角張ったものや丸みを帯びたものなど個性が豊富。ネックにもさまざまな形状のバリエーションがあり、それぞれ挙動が違うので、よく見極める必要があります。

ブレード型

もっともオーソドックスな形状のいわゆる「ピン型」。クランクネックでトウ・ヒールに重量配分された細長いヘッドが特徴的

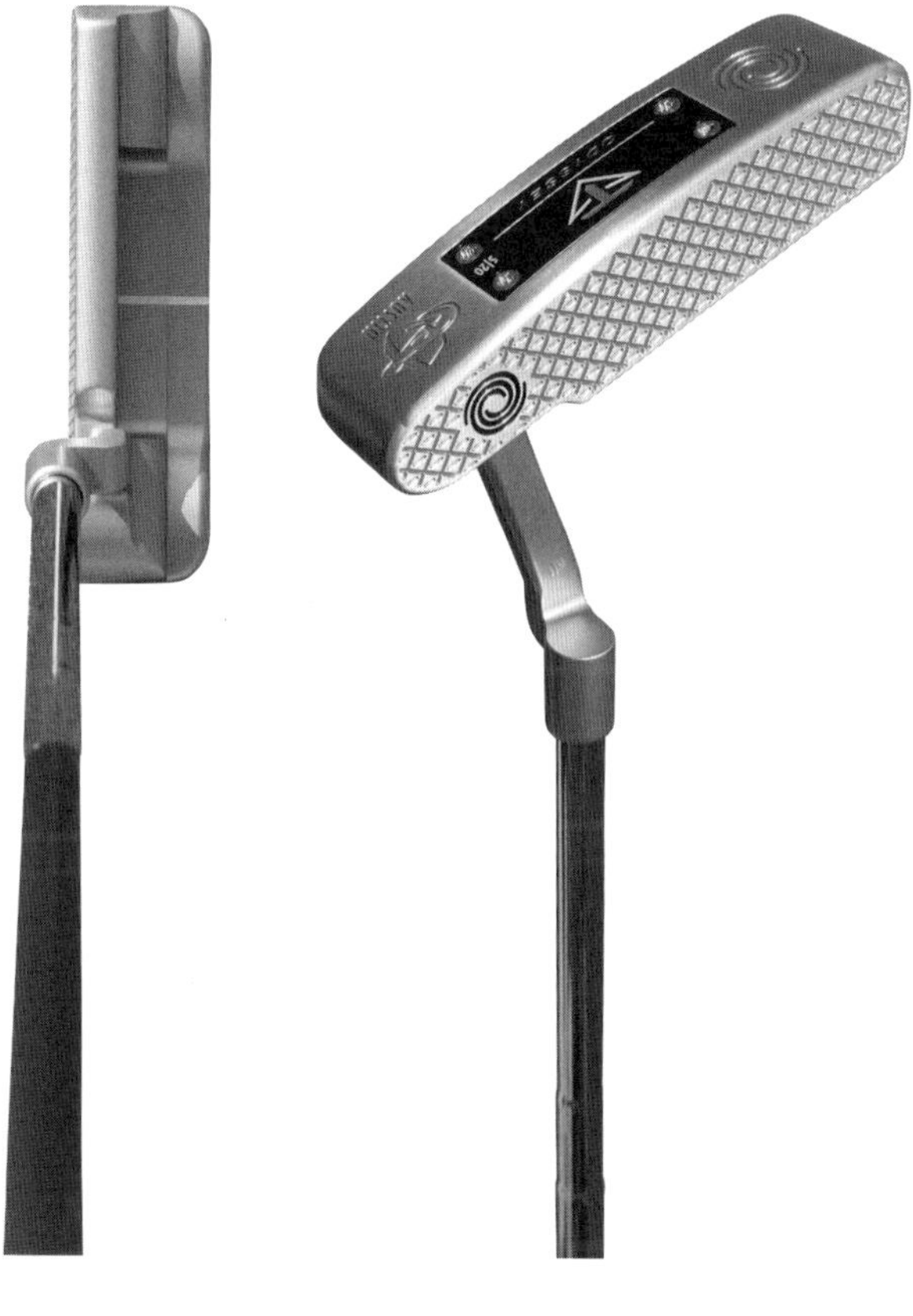

パターのヘッド形状3　マレット

最近のパターは斬新なヘッド形状のものが増え、L字やブレードのようなトラディショナルなものよりも主流になりつつあります。

もともとはブレード型のフランジ（後方の出っ張り）を伸ばした「B型」や、それをさらに深重心化したカマボコ型の「＃5」「ロッシー」などが走りですが、構えやすさやストロークのしやすさなどを付加した「2ボール」などからデザインが多様化しました。

これらはヘッドの重心を深くし、トウ・ヒール方向への配分重量を増やして慣性モーメントを大きくすることを目的としたヘッドが中心ですが、単純に大慣性モーメントを追い求めるだけでなく、「ほどよい」ところを目指したり、操作性と許容性を兼ね備える工夫をするなどバリエーションが非常に豊富。一概に特徴を規定できなくなっています。選ぶ際には、自分にとっての構えやすさを前提としながらも、ヘッドの意図するところをくみ取って、目的に合ったパターを見つけることが肝心です。

マレット、ネオマレット

重心が深く、直線的なストロークがしやすい。
カマボコ的な小ぶりなものから、奇抜な形状をした大型ヘッドまでさまざま

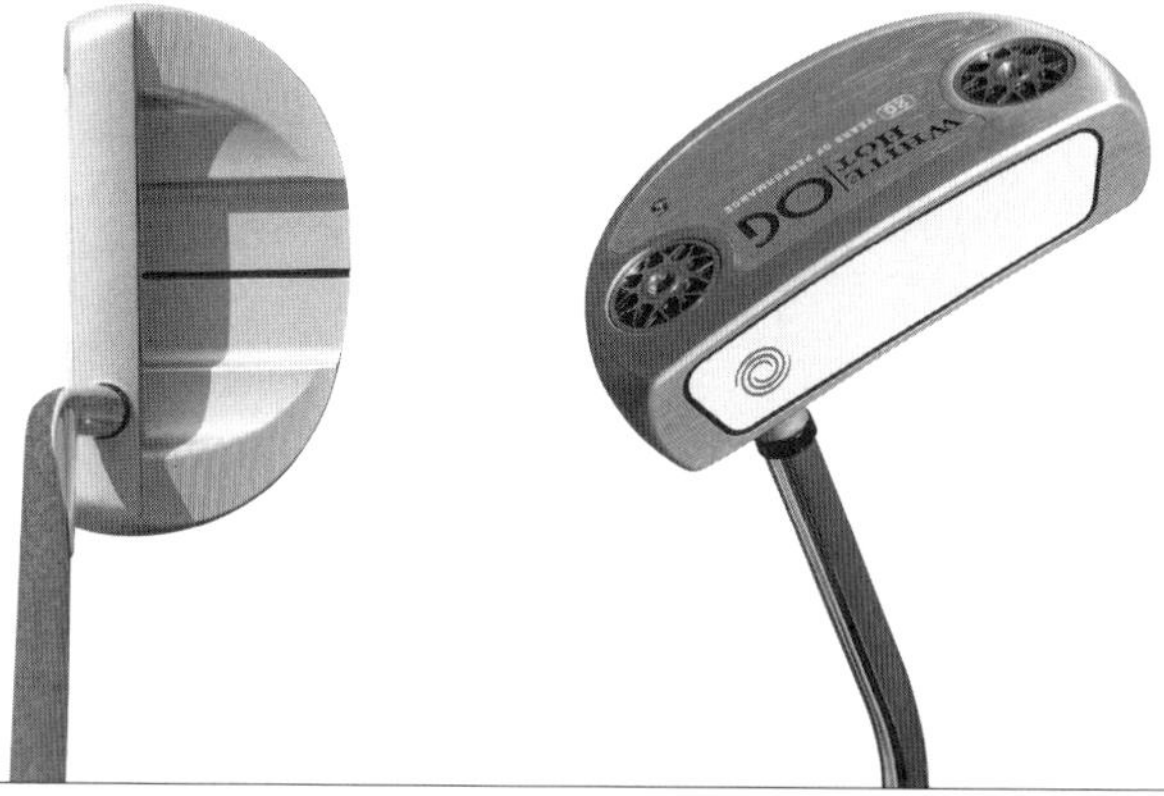

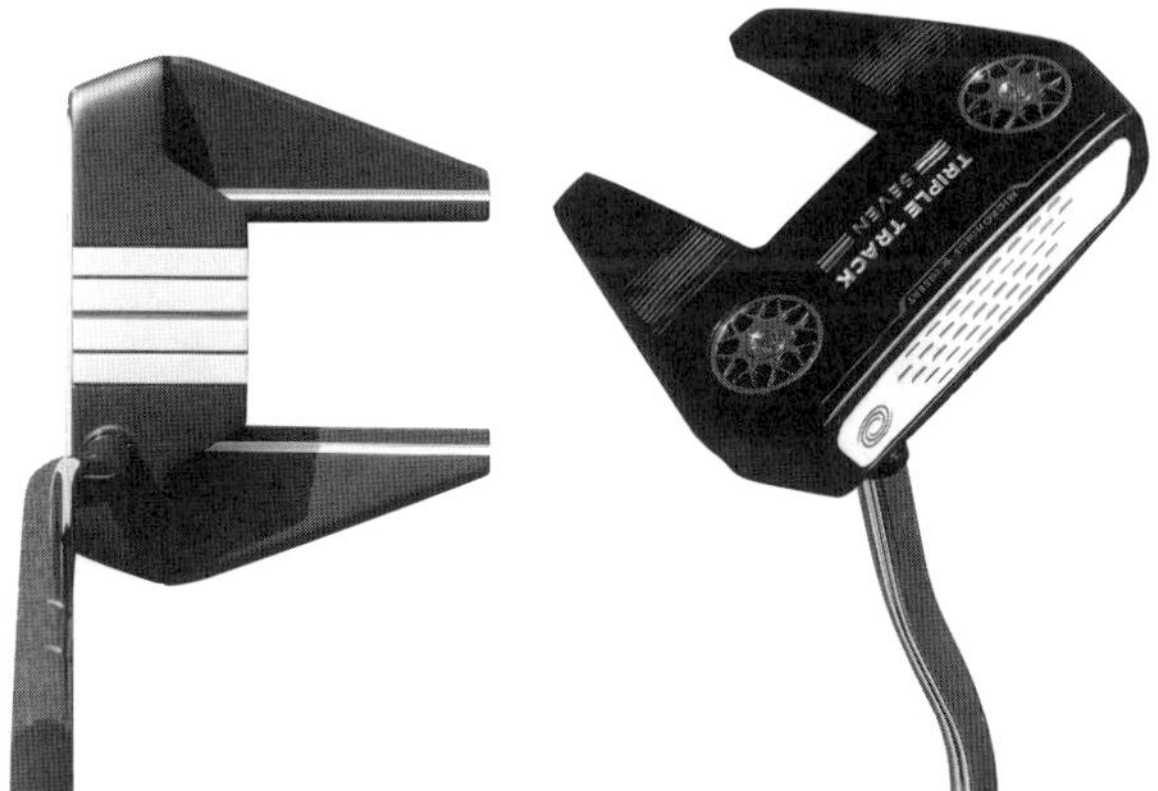

ネック形状と特徴

パターの機能として見逃してはいけないのが、ネックの形状です。ヘッド形状との組み合わせでパターの挙動を左右しますが、これといった決まりはないのであくまで一般論を説明します。実際に打ってみるなどして判断してください。

L字パターやショートスラントネックなど、ヘッドのヒール寄りにネックがついているものは、重心距離が長くなりやすいのでアークタイプのストロークとの相性がいいネックです。多少フェースの開閉を使うイメージだとスムーズに動きやすいと言えます。

一方マレット型に多い「ベントネック」は、シャフトの先端側をなめらかに曲げてそのままヘッドに挿してあるタイプ。フェースバランスになりやすく、直線的なストレートタイプのストロークと相性がいいネックです。

ブレード型に多い「クランクネック」は、ヘッドからクランク型のネックが伸び、その先にシャフトが装着されるタイプ。上記の中間的で比較的誰にでも合いやすいネックです。

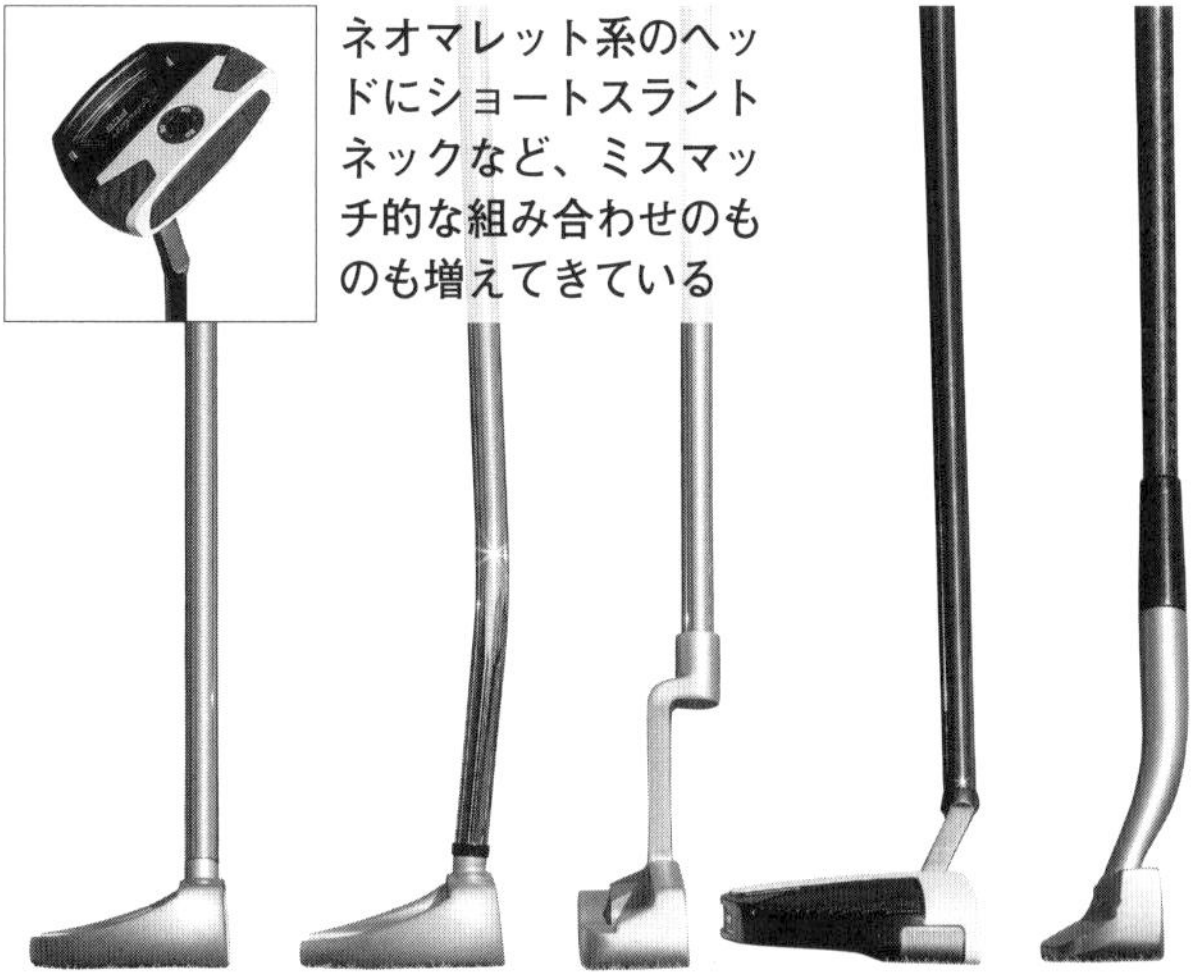

ネオマレット系のヘッドにショートスラントネックなど、ミスマッチ的な組み合わせのものも増えてきている

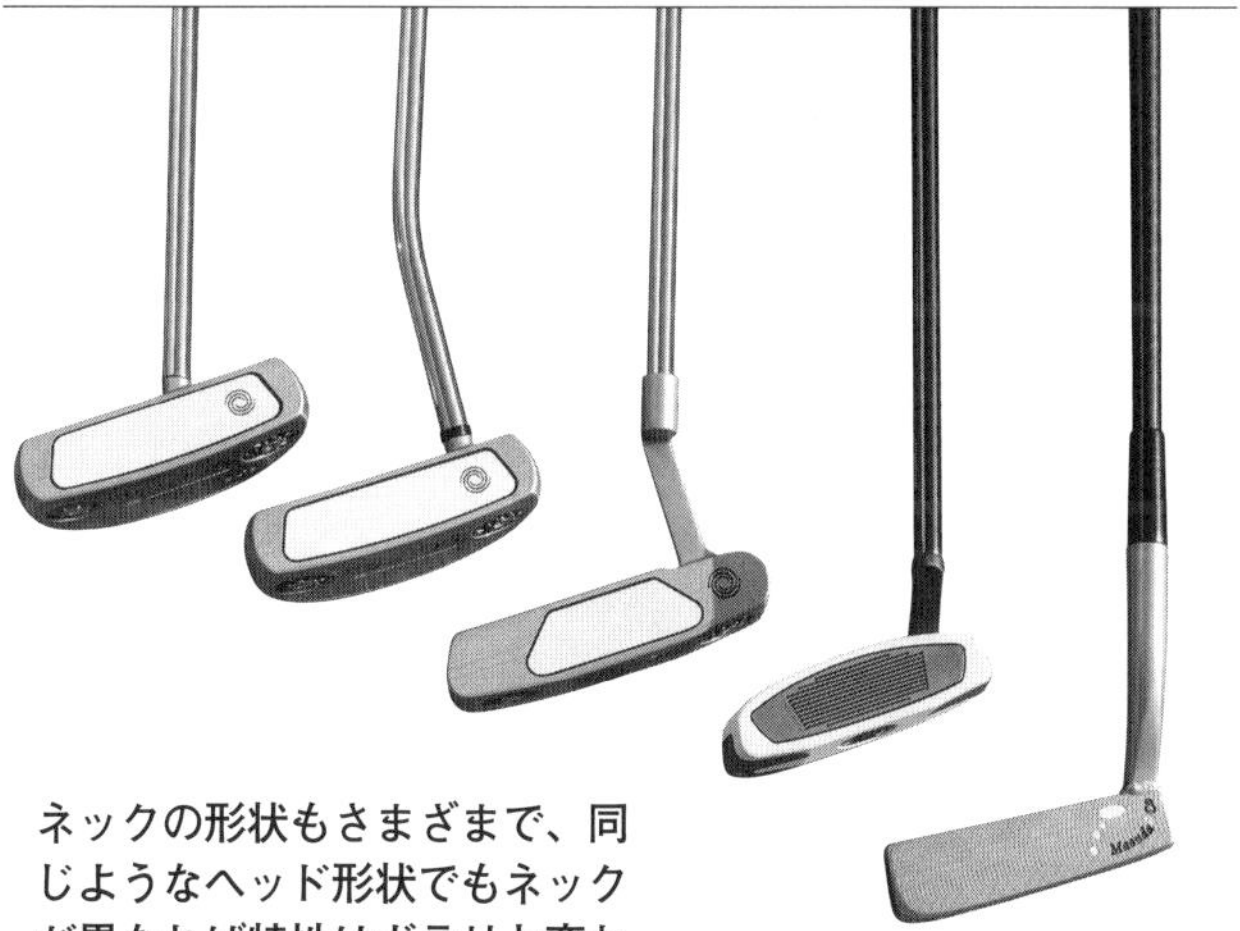

ネックの形状もさまざまで、同じようなヘッド形状でもネックが異なれば特性はガラリと変わる。しっかりチェックしよう

グリップでパターは変わる

パターはルール上、特殊な形状のグリップが認められている唯一のクラブで、バリエーションも実に豊富。この恩恵を享受しない手はありません。

大雑把に言えば、グリップの太さが太いものほど大きい筋肉を使ってアバウトにストロークしやすく、細いものほど指先の感覚を生かして繊細に動かしやすいと言えます。先端側とグリップエンド側で太さが大きく異なるものもあり、左右の手それぞれの役割を意識して選ぶこともできます。多くのアマチュアにとっては、指先の感覚はストロークを乱す悪い方向に作用しがちなので、とくにショートパットが苦手という人は、ぜひ太いグリップを試してみてほしいですね。

パターグリップの重さのバリエーションは、通常のクラブのグリップと比べて圧倒的な幅の広さがあります。重さはストロークに大きな影響を与えるので、自分の感覚や実際の球の転がりを見ながら慎重に選んでください。グリップは、以前は太いものほど重いのが一般的でしたが、最近はウレタン素材などを使って太いのに軽いグリップなども増えています。また、中尺用や長尺用はとても重いものが多いので、あえてそういったものを通常の長さのパターに組み合わせるケースもあります。

パターの重さの感じ方はグリップの太さによっても変わります。一般的にはグリップが太いほどパターを軽く感じやすいので、これを利用して重いものを軽く感じて振れるようにしたり、逆に軽いものの重さを感じてストロークしやすくするなどの工夫も可能です。最近の傾向としてはヘッドの重量が重くなりつつあるので、グリップは太めのものが増えています。

断面の形状もさまざま。真円、楕円、長方形、ホームベース型など多種多様なうえ、角の部分の面取りなどにもバリエーションがあります。

自分にとってどれがいちばん合うかは、1つずつ試してみるしかないのが実情です。しかも、お店のパターマットや人工芝とコースではフィーリングが異なるので、コースで試してみないと本当のところはわかりません。正直、私たちも見ただけではわからないので、機会を見つけていろいろなグリップを試し、自分に合ったものを見つけることが肝心です。距離感や方向性が合うことも大事ですが、握って違和感がなく安心できることも大事です。

ベストパターの選び方

では最後に、自分に合ったベストパターを見つけるにはどうすればいいかをお話ししましょう。

まず考えてほしいのは、ショートパットを重視するかロングパットを重視するか。これは得意なほうやプレー上重視するほうを伸ばすことも大事ですが、苦手なほう、不安なほうをカバーしてくれるようなパターを選ぶほうが結果は出やすいかもしれません。

ショートパットを重視するなら、なんと言ってもアライメントが大事です。狙ったところに真っすぐ構えられるパターを根気強く探してください。ヘッドやネックの形状だけでなく、サイトラインの入り方やヘッドの色なども影響を与えるので、それらも気をつけながらいろいろと試しましょう。これは先ほども述べたように、第三者にチェックしてもらいながら、客観的に判断することが大事です。

ロングパットを重視するなら音と打感にウエイトを置いて、打感とボールスピードが同調するものを探しましょう。フェースインサートやヘッド素材などをいろいろ試してください。このとき使うボールは、絶対に自分のエースボール。ボールが変われば打感もフィーリングも変わるので注意してください。

ヘッドやグリップの重さも、いろいろ試してみてください。ショートパットが苦手な人は手先をあまり使わないでストロークできるよう、重めでグリップも太めのものが結果が出やすい可能性があります。ロングパットが苦手で突発的な大オーバーや超ショートが出てしまうような人は、軽めで自分でクラブスピードをコントロールしやすいパターのほうがそういったミスを減らせる可能性があります。

いずれにしてもこれらは目安でしかありません。結局はコースで使ってみて入るかどうかがすべてなので、買うか借りるかして試す機会を増やしてください。

気に入ったパターは、長く使うことで経験値が蓄積され安心感につながるので、コロコロとパターを替えすぎず、ある程度根気よく使ってみてください。ただし、長く使っているパターには、成功体験だけでなく苦手なラインやイヤな外し方の記憶などミスの経験も蓄積されていきます。ですのでエースパターは残しつつも、イメージが悪くなってきたら別のパターに浮気するのもアリです。別のパターを使うことでエースパターのよさを再確認できますし、エースという「戻れる基準」があることも強みになるはずです。

Columun 05

高額パターってどうなの？

パターは、ほかのクラブ以上にモデルごとの価格の差が大きく、1本10万円を超えるものもめずらしくなく、100万円以上するパターさえあります。こういった高額パターに、価格差分の違いがあるのかと疑問に思っている人も多いのではないでしょうか。

結論から言えば、性能面の差はありません。しかしフィーリングに関しては、高額パターでしか味わえない特別なものが「ある」と言っていいと思います。高額コストの素材でしか出せない打感、高度な技術で加工したパターでしか実現できない繊細な形状から得られるものは、たしかに存在します。しかしそれは、スコアに直結するものではありません。

でも逆に言えば、パターはゴルフクラブのなかでほぼ唯一、性能を犠牲にせず（むしろ高めつつ）、高いデザインセンスやフィーリングを前面に押し出せる道具です。14本のなかでもっともほかの人との「差」を出せるクラブ。所有欲も含め、そこに価値を感じられるかどうかだと思います。

第6章

CLUB SETTING

14本のセッティング

第６章
14本のセッティング
CLUB SETTING

セッティングで誰でもシングルになれる！

ここまでクラブそれぞれの解説をしてきましたが、ここからはセッティングの話に移ります。最終章ではありますが、この本の本質とも言えるエッセンスが詰まっているのが本章です。とは言え、最適のセッティングを作るにベースには、ここまで説明してきた各クラブの選び方の知識が不可欠です。各クラブが自分に合っているという前提で、それをどう組み合わせるかがセッティングなのです。

まず最初に言っておくと、クラブセッティングを工夫すれば、誰でもシングルになれます。誰でもとは言っても、実際には現状でコンスタントに１００を切るくらいのショット力はほしいですが、まあその程度で十分。「まさか！」と思うかもしれませんが、みなさんが思っているよりもクラブセッティングの力は大きい！　飛距離を左右するのは個々のクラブですが、スコアを左右するのは14本のセッティングなのです。

基準を挙げれば、①ティショットが平均２２０Ｙ以上飛ばせること。大事なのはあくまで「平均」という点。14回のドライバーショットの、ミスも含めた平均飛距離が220Yということです。②7番アイアンが打てること。この「打てる」の意味は、ミスではないそこそこのショットが6割くらい出るレベルと考えてください。③10mのパットの距離感が合わせられること。これは10mから1パットでカップの半径1m以内に寄せられるくらいの距離感と考えてください。どうでしょう、意外と手が届くレベルだと思いませんか？

実は1つ1つのショットのクオリティを上げるだけではスコアは作れません。スイング力が上がっても、スコアには直結しないのです。スコアメイクのポイントは、ベストパフォーマンスの質を上げることではなく、ワーストパフォーマンスの底上げをすること。スコアメイクにはショット力よりもマネジメントが大事という言葉は聞いたことがあると思いますが、それと同じで、クラブ次第で大きなミスはかなり減らせるのです。

その意味でセッティングの基本は「弱点をなくすこと」。多少の得手不得手は仕方ありませんが、極端に苦手なクラブや苦手な距離をなくすことさえできれば、誰でもシングルになれます。そして「使わないクラブを入れない」こと。たった14本しか入れられないキャディバッグに使わない1本があるのは極めてもったいない。そこを正しく見極めて理想よりも現実を取り、捨てるところは潔く捨てる覚悟も大事です。

セッティングに対する2つの考え方

スコアを作れるセッティングを考える際には、2つの考え方があります。

1つはある程度整った理想のスイングを求め、そのスイングをベースにセッティングを作る方法。もう1つは現状のスイングをベースに、そのスイングで結果が出るクラブでセッティングを作る方法。シングルやクラチャンを目指すというレベルであれば、どちらでも十分に可能ですし、おそらく後者のほうが結果が出るのは早いでしょう。プロや「日本」と名のつくアマチュア競技を目指すのであれば前者の考え方が必要になりますが、スイング面でのレベルアップも同時に進めなければならないので相当な練習が必要ですし、すぐには結果が出ません。

わかりやすいところで言えば、スイングがアウトサイド・インでスライスばかり出る人が、自分で球をつかまえないと真っすぐ飛ばせないクラブを買ってそれで練習し、1～2年後に250Y真っすぐ飛ぶばせるスイングを身につけるか。もしくは最初からつかまりのいいクラブを使って、いまのスイングの延長線上で220〜230Y飛ばせてフェアウェイに運べるようにするかということ。

この両者は決して相容れないので、セッティングを考える際は、まず最初にこのどちらのアプローチをするかを決めなければなりません。

本書を手に取ってくださる読者のみなさんはゴルフに対してかなり意識の高い方が多いと思いますので、こう説明すると「前者を目指すべきなんだろう」を思われるかもしれません。しかし正直なところ、ほとんどの場合で私がおすすめするのは後者のやり方です。前者のやり方にはかなりの時間とお金が必要ですし、実際に「普通に」ゴルフをする範囲ではほとんど必要にならないレベルです。後者の考え方も決して恥ずかしいものではなく、日常生活のなかで趣味としてゴルフに取り組まれているアマチュアのみなさんにとっては、むしろ自然なアプローチと言えると思いますし、実際にシングルくらいの腕前になっている人はほとんどが後者のパターンです。

この判断をはっきりとせず、曖昧にしたままクラブを考えるのはとても危険です。もちろん後者も、まったく練習が必要ないとか、上達の意思は要らないというわけではありませんが、自分の目標とするところは明確にしておいてください。

ポイント1　ティショット

シングルになれるクラブ選びの条件の１つとして「ティショットが平均２２０Ｙ」と言いましたが、実はこれは２２０Ｙという飛距離よりも「平均」というところが肝です。

２２０Ｙという数字は、レギュラーティからいつも2オンの可能性を残すにはそのくらいの飛距離がほしいという目安。４００Ｙのパー4でも、ティショットが２２０Ｙ飛べば残り１８０ＹですのでＦＷでなんとかでグリーンの近くまでは行けますが、ティショットが２００Ｙではちょっとノーチャンスですからね。

そのために大事なのは、飛距離以上に「2打目が打てるところにある」こと。ラフでもフェアウェイバンカーでもいいので、ティショットが池やＯＢでないことが絶対条件です。１発２５０Ｙのショットが出ても、次にＯＢを打ったら飛距離はゼロ。平均飛距離は１２５Ｙです。これでは絶対にスコアは作れません。その意味では「飛ぶドライバー」を選ぶのではなく、自分にとって「曲がらないドライバー」を選ぶことが最重要と言えます。

池やＯＢに行く、つまり球が曲がって真っすぐ飛ばないのは理由が２つあって、１つはインパクトでフェースがスクエアにならずに当たっているから。もう１つは打点が安定せずにフェースのセンターに当たらないから。もちろん「両方」というケースもあります。

１つめのインパクトのフェース向きに問題があるケースは、アマチュアの場合、開いて当たるのがほとんど。これは「つかまる」ことを最大の売りにしているアマチュアターゲットのドライバーの力を借りればかなり解消できます。しかし、実は最近の「曲がらない」ことを売りにしているドライバーには慣性モーメントを大きくするために重心距離が長いものも多く、フェースが開きがちな人がこのタイプを使うとダウンスイングでフェースをスクエアに戻せず、結果的によりフェースが開いて当たってしまうケースもあるんです。そういう人は、重心距離が短めな国内ブランドのモデルを試してみることをおすすめします。

２つめのケースは深重心・大慣性モーメントのオフセンターヒットに強いドライバーが大きな助けとなります。

３つめの「両方」という人はクラブの総重量に問題があるケースが多いので、適正重量を探るのが先決。重さのミスマッチが解決すると前述のいずれかの問題が見えてきます。アマチュアはとにかくティショットが大事。ドライバー選びは万全を期してください。

ポイント２　危険ゾーンのクラブ

シングルになれるクラブ選びの２つめのポイントは「危険ゾーン」を打つクラブ選びです。「危険ゾーン」とは、ヘッドスピードにもよりますが、１７０〜２００Ｙくらいの長めの距離。飛ぶ人なら２２０Ｙくらいまで。この距離から大きなミスなくグリーンまわりまでボールを運べることを計算できるようになると、スコアは一気にまとまるようになるはずです。

と言うのも、この距離は長いホールの２打目やティショットの当たりが悪かったとき、長い難関パー３などのちょっとしたピンチで出会う距離。ここでチョロなどの大きなミスをすると一気に大叩きが見えてしまいますし、実はＯＢなどもあり得る状況。ここで大きなミスの心配のない安心して使えるクラブを見つけることはとても重要なんです。

ここはロングアイアンやユーティリティ、ショートウッドなどを使う距離だと思いますが、距離の幅もあるうえティショットのように平らないいライから打てるとは限らないので、このゾーンは複数のクラブで手厚くカバーしたいですね。

ポイントは飛距離だけでなく弾道を吟味してクラブを選ぶこと。球がやさしく上がるクラブと方向性が安定するラインが出るクラブの両方をバッグに入れることが大事です。いいライからハザード越えなどにトライする場合や、左足下がり・つま先下がりなどの球の上がりにくいライから打つ場合、ラフからキャリーを稼ぐ場合などは高い打ち出しでスピンもしっかり入るやさしく球の上がる弾道が必要になりますが、球を曲げたくないティショットや左足上がり・つま先上がりなどのライでは、高さを抑えたラインの出るショットが必要になるからです。

この１７０～２００Ｙ前後の「危険ゾーン」は、飛距離だけを考えて２～３本で分担している人がほとんどだと思いますが、それでは前述の２つの状況に対処しきれません。現実的には、10～15Ｙピッチでこの距離帯を打ち分けてグリーンに球を止めるなんてアマチュアにはできないのです。それよりも、距離がかぶってもいいのでそれぞれの弾道を打てるクラブが両方あることのほうが、スコアメイクには圧倒的に有効です。

そう考えると、ブランドを統一する発想は必要ありません。ロフトピッチも距離の階段もそろっていなくてもいいのです。この30～40Ｙくらいの幅を目的別にＦＷ、ＵＴ、アイアンを混在させた３～４本のクラブで共同でカバーする態勢を作ってください。

ＦＷとＵＴの組み合わせ

この「危険ゾーン」を打つクラブとしては、ＦＷ、ＵＴ、アイアンなど多様な選択肢があります。とくに21〜23度前後の7〜9Ｗ相当に関しては、同じロフトでＦＷとＵＴ両方の選択肢が豊富にあるので、迷う人も多いでしょう。

一般的にはドライバーが得意な人はＦＷ、アイアンが得意な人はＵＴが合いやすいなどと言われますが、長さやシャフトなどを工夫すればそういった苦手意識は解消できるので、あまりそういう固定概念にとらわれず、求める弾道が出るクラブを使うことが大事です。

クラブの特性としては、同じロフトでもＦＷはＵＴよりもクラブが長く、ソールの幅が広くて重心が深い傾向にあります。当然、同ロフトでもＦＷのほうが飛距離も高さも出やすく、ソールの抜けもよくなりますが、逆に言えばＵＴのほうが低めの強い弾道を打ちやすい。できればドライバーの次の番手として安心して打てるＦＷが１本ほしいですが、あとは求める弾道によって両者を柔軟に組み合わせてセッティングを作ってください。

鹿又のセッティングにも
同じ18度ロフトの5Wと
UTが1本ずつ入っている

ポイント3　１００Ｙ以内のクラブ

シングルになるためには、１００Ｙ以内からつねに２打であがることを理想としてプレーすることが求められます。実際にはそうそう２打ではあがれませんが、最低３打をベースに絶対に４打は打たないこと、そこから２打であがれる確率をどれだけ上げられるかがレベルアップのカギです。「最悪の失敗」の底上げをし、ベタピンに寄らなくてもパーパットのチャンスを残すこと。30Ｙ以内から２打が計算できるようになればシングルです。

　そのために何が必要かと言うと、多様なライへの対応力と球の高さや球質のバリエーションを打ち分けられるウエッジです。これはクラブの本数が増えれば増えるほどメリットが大きくなりますので、極論すれば多ければ多いほどいいということになります。前述のようにＰＧＡのプレーヤーでさえ４～５本が当たり前なんですから、練習量も実戦経験も少ないアマチュアがＰＷ・ＡＷ・ＳＷの３本だけというのは無謀と言っていいでしょう。

「本数が増えても使い分けられない」と思っている人は、使ったことがないからイメージがわかないだけで、そのイメージがわかないこと自体が問題です。アプローチのレベルアップは、このイメージ力の拡大とイコールです。

まずは、だいたい４度ピッチで60度までウエッジをそろえることが先決です。そしてコースでは、それらをどう使い分けるかを想像しながらプレーしてください。まずは予測し、実践してみて、そのフィードバックをもとに次回の対処を考える。

ウエッジ２～３本では「できないこと」が多すぎますが、ＰＷから60度まで５本前後のウエッジがあれば大概のことができます。手前のピンをデッドで狙ったり、奥のピンに足を使って寄せるなど、同じ打ち方でいろいろなことができるようになると、さらに「できないこと」が見えてきます。こういうライから打ちにくいとか、このくらいの距離のバンカーが寄らないなど、そういう「できないこと」が見えてくるということは「こういう球が打てれば寄る」というイメージが膨らむということでもあります。

そうしたら次は、ソール形状のバリエーションを考慮する番です。やわらかいライからでもミスしにくいハイバンスのウエッジを１本入れるとか、長い距離のバンカーからエクスプロージョンしやすい50度のＳＷを入れるとか。こうやってウエッジのバリエーションを充実させていきましょう。

ウエッジセッティングの例

実際にウエッジのセッティング例を考えてみましょう。

まずＰＷのロフトが44～45度前後だとするとロフトを４度ピッチで考えて、ＰＷの下に48度、52度、56度、60度の４本くらいがスタンダードということになります。先にも「60度のウエッジはぜひ入れたい」と言いましたが、60度を超えると下をくぐるミスが急増しますので、とりあえずは60度を上限に考えてください。ＰＷが45～46度なら、50度、54度、58度の下に60度を入れて（ＰＷを含めて）５本か、50度、56度、60度のように４本かということになりますが、クラブの本数に余裕があるなら５本入れられればベターです。

考え方としては、ロフトが増えることで、単純にキャリーとランの比率のバリエーションが増やせます。そのうえで、それぞれの番手にどんな役割を与えるかがカギになります。

セッティングの中には、１００Ｙをノーストレスで打てるクラブ、バンカーでの使用を前提としたクラブは必ず入れておきたいですね。

Case A

	44度	48度	52度	56度	60度
フル ショット	115y	100y	85y	70y	不使用 (MAX50y)
用途	ショット & ランニング アプローチ	100y 打てる クラブ	ショット & 遠い バンカー	アプローチ の メイン	上げる用 & 近い バンカー
特徴	セットの PW	ちょっと グース ネック	バンス 多め	開き やすい	ワイド ソール

Case B

	45度	50度	56度	58度	60度
フル ショット	120y	100y	75y	65y	不使用 (MAX50y)
用途	ショット & ランニング アプローチ	100y 打てる クラブ	アプローチ の メイン	バンカー用	上げる用
特徴	セットの PW	セットの AW	丸い ソール	ハイバンス ワイドソール	バンス 少なめ

どんなセッティングでも、100Yを安心して打てる
クラブとバンカー用のウエッジは入れたい

鹿又芳典のマイセッティング

ではここで、私自身の２０２１年現在のセッティングを紹介しましょう。私はヘッドスピード42〜43m／秒で、ドライバーが苦手、アイアンが得意というゴルファーです。ドライバーはとにかくストレスなく振れること。50g台のシャフトで長さは45・25インチ。当たってトータル２５０Ｙくらいですが、大きく曲がらず飛んでくれることが大事で、ミスして左２２０ＹのラフでもＯＫという発想です。

３Ｗはティアップしないと打てないですし、私は飛ぶほうではなくパー５の２オンはあまり計算していないので普段は入れていません。５Ｗはキャリー２２０Ｙですが高弾道でラフからでも打てることが条件です。その下にウッド型のＵＴが２本。ロフト18度の＃２は飛距離２００〜２１０Ｙ前後で、強いライナー系の弾道でラインが出せるクラブ。ティショットでも重宝します。ロフト21度の＃３は１９０Ｙくらい。とくに上がるクラブではありませんが、ロフトなりに高さが出てくれる万能ＵＴです。

この下に23度のアイアン型UTを入れています。5番アイアンが打てないのでその代わりのクラブですが、高さとタテ距離がバラつかないので安心感があります。夏にラフが深いコースに行くときは高い球が打てる4UTに替えることもあります。

アイアンは6番～PWまでの5本。アイアンは得意と言ってもパーオン率は3～4割ですので、あくまで「つなぎのクラブ」と考え、比較的距離の出るモデルを選んでいますが、飛びすぎて番手間の距離のピッチが開くのはイヤなので、超飛び系ではありません。8番アイアンで150Y以上打てればOKというのが基準ですね。

ウエッジは50度、56度、60度の3本。アイアンと同じシャフトですが少し重めのものを入れています。50度のウエッジは、もう10年も同じモデルを使っている信頼できる1本で、8割のスイングで100Yを打てるクラブとして考えています。56度はバンスが大きいものをチョイスしていて、やわらかいライでも安心して打てるウエッジです。バンカーショットもこちらがメインで、20Yくらいまでのエクスプロージョンショットはこれを使うことが多いです。60度は上げて止めるときの武器で、フルショットはしません。バンスが少なめなので硬いライからでもソールが跳ねずに使えるため、56度とはライによる使い分けもしています。ピンやアゴが近いバンカーショットでも使うウエッジです。

鹿又芳典の
セッティング

番手	ロフト	シャフト重量	距離の目安	意図
1W	10度	50g台	250Y	ストレスなく振れることを重視。 45.25インチ
5W	18度	60g台	220Y	比較的高さも出て、 ラフからも打てる万能ＦＷ
UT#2	18度	70g台	200〜 210Y	ライナー系の低めの弾道。 ティショットでも多用する
UT#3	21度	85g	190Y	特別球が高いわけではないが ロフトで必要な高さは出せる
I型UT	23度	90g	180Y	5番アイアン代わり。 球の高さと距離がブレない
6I	28度		170Y	
7I	31度		160Y	
8I	35度	90g台	150Y	「乗せる」より「つなぎ」の クラブと考えている。 「8Iで150Y以上」打てる ことが条件の飛び系だが 飛びすぎて番手間の ピッチが開くのはイヤ
9I	40度		135Y	
PW	45度		120Y	
AW	50度		100Y	8割で100Y打てるロフト。 20Y以上のバンカーでも使用する
SW	56度	110g	80Y	アプローチのメイン。バンス大きめで軟ライでも安心して使える
LW	60度		フルショットしない	上げる、止める、近いバンカー、 硬いライなどで使用。バンス小
PT				

アイアンは「得意」だが6番から。
ウエッジはPWのほかに3本態勢

どこを重視するかでセッティングを考える

では、アマチュアの方がセッティングを考えるうえではどうすればいいのか。まず最初に考えてほしいのは、スコアメイクのために何を重視するかです。左の表のような基本セッティングをベースに、そこから自分が苦手な部分、得意な部分を考えて入れ替えます。

たとえばショートゲームが苦手な人ならウエッジを増やしたい。そのためにはほかの番手を抜いて本数を調節する必要がありますが、いちばん融通が利くのがFW、UTです。私のように3Wを抜くとか、FWとUT各2本、計4本で担当していた部分の本数を減らして2〜3本で分担すれば、そのぶんウエッジを増やすことができます。また、ウッド類が苦手でアイアンが得意なら、FWをウッド型UTに、ウッド型UTの一部をアイアン型UTやロングアイアンに変更するといった方法もあります。

ウッド類の構成は、同ロフトのものが入ってもOK。ロフトや距離の階段にこだわらず、求める弾道や使い道によって柔軟に組み合わせていくことが大事です。

基本セッティング		ショートゲームが苦手	アイアンが得意
1W			
3W	15度	FW・UTを2〜3本に減らす	ウッド型UTも可
5W	18度		
3UT	21度		アイアン型UTやロングアイアン
4UT	24度		
5I〜PW			
AW	52度	ウエッジを4〜5本に増やす	
SW	58度		
PT			

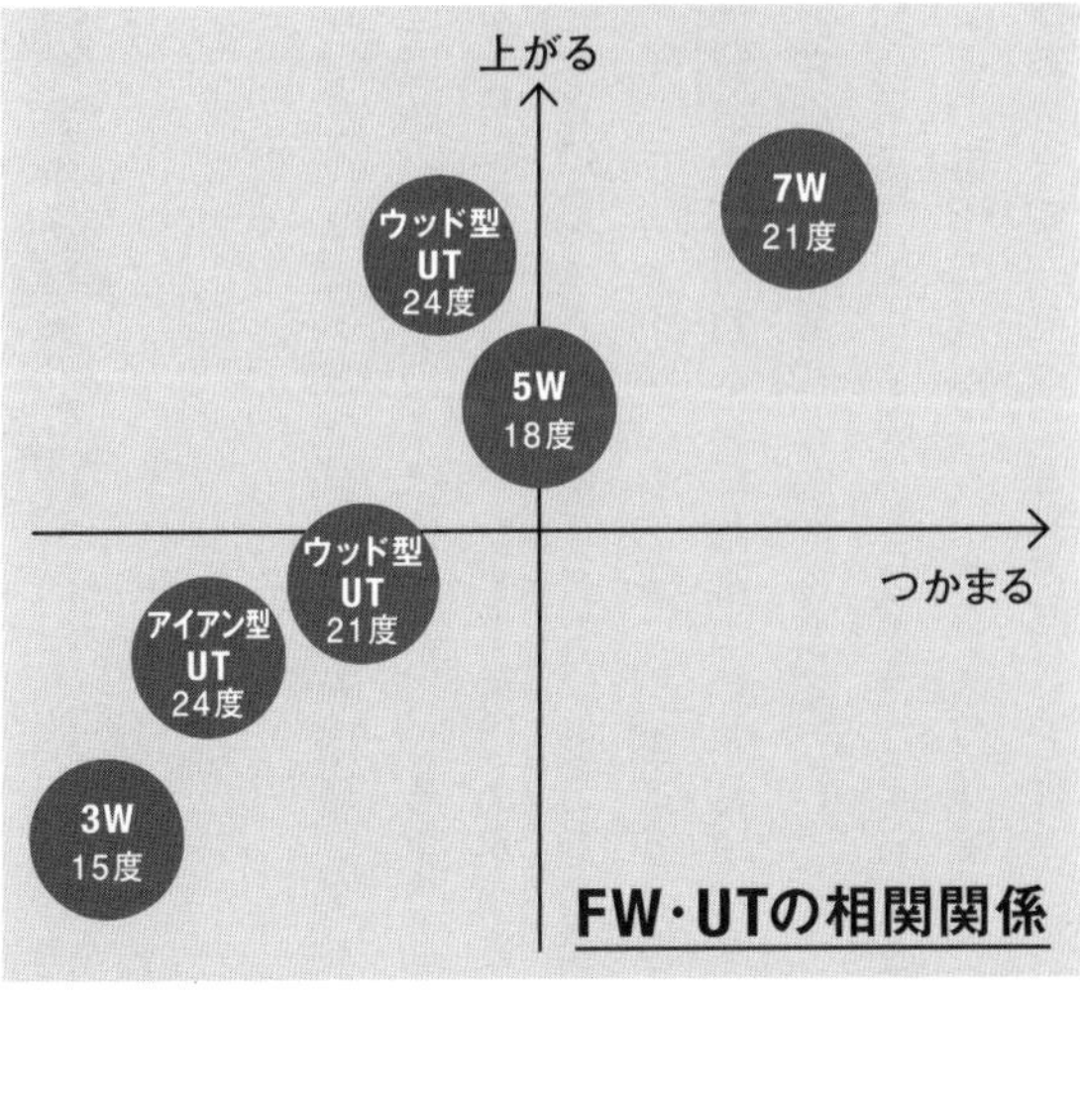

FW・UTの相関関係

セッティングは1日にして成らず

ここまでセッティングについて説明してきましたが、セッティングは1発で完璧に決まるものではありません。私のお客さんでは、本当に熱心で年中コースに通っているような人でも、14本のセッティングができあがるまで半年以上かかりますし、1年以上かかるケースがほとんどです。「こういう球が打ちたい」というイメージがあって、そこを目指して作ったクラブを実際にコースで何度も打ち、そのフィードバックを元に調整する必要があるので、どうしても時間がかかるんです。練習場や室内のレンジで打ったのと同じ球がコースで出るとは限りませんし、想定外のミスが出たりすることもあります。

また、実際にホームコースでラウンドしたり競技で使ったりしているうちに、「この番手にはこういう役割がほしい」とか「この番手とこの番手の間にこういうクラブがあると便利」というイメージがわいてくることがあります。セッティング作りとは、そういったフィードバックを元に試行錯誤する作業の繰り返しなんです。

とくにＦＷ、ＵＴとウエッジは全部一度に買いそろえずに、１本ずつ買っていくことが大事。同一ブランドでそろえたほうがいいというイメージを持っている人も多いですし、１本気に入ったクラブが見つかったらほかの番手も同じものでそろえたほうが安心に感じるかもしれませんが、スコアを出すセッティングを考えるうえでは、それはデメリットのほうが大きい判断です。同一ブランドということは弾道の傾向も同じですから、前述のように各番手に異なる用途と弾道を与えることはできません。ウエッジの場合、ブランドは同じでもいいのでソールのバリエーションなどでそういった差を出していくことになります。

ウエッジのときには「とりあえず４度ピッチでそろえるべき」と言いましたが、ほかの番手に関しては「数字合わせ」のために使わないクラブを入れておくくらいなら、その余計な１本はないほうがいい。使わない４番アイアンを飾りのように入れておくくらいなら、短く切って林からの脱出専用にしておくほうが有意義です。

クラブセッティングを熟成させるのにはある程度お金がかかります。しかしお金でスコアを買えると思えば無闇に練習にお金をかけるよりもコストパフォーマンスはいいかもしれませんし、なにより「ムダなクラブ」にお金をかけて買い替えてばかりいるよりははるかに効率のいいお金の使い方のはずです。まずはその意識改革から始めましょう。

おわりに

ゴルフというスポーツは、ミスがつきものです。「飛ぶドライバー、ウッド」「飛んで曲がらないアイアン」「寄るウエッジ」……そういった高性能なクラブをそろえたところで、それを使いこなせずミスショットが頻発するようではスコアはよくなりません。

その意味では、スコアアップのためのクラブ選びとは、「最高の1発」が出るクラブを集めて高みを目指すことではなく、「ミスしてもそこそこに収まる」とか「ひどいミスが出にくい」クラブをそろえて最低ラインを上げるボトムアップこそが肝心です。また、14本という限られた本数をコースで無駄なく使えるようにまとめることもとても重要です。

飛距離はクラブで手に入りますが、スコアアップにはセッティングを整えることが不可欠です。個々のショットの結果にはクラブのボトムアップとパフォーマンスアップが、そして、スコアという結果にはセッティングと分けて考えてください。

個々のパフォーマンスだけが上がっても、それだけではスコアアップには決してつながらないのです。

アマチュアゴルファーは、「どのクラブが飛ぶのか」というような、いちばん重視しなければならない使い手をすっ飛ばした道具主体の視点でクラブを選びがちですが、「タイガー・ウッズのクラブは世界最高のはずだから、彼のセッティングを使えば自分もいいスコアが出る」わけではないことは誰しもわかっているはずです。

スコアアップのためにはむしろ「自分」の存在をしっかり見つめることが大事です。本書では、クラブの説明と同時に、自分のゴルフをクラブの面から見直すコツをお話ししてきたつもりです。ここまで読み進めてくださった読者の方に、そういった視点が身についてくれれば幸いです。

最後になりますが、本書の出版にあたり多大なご協力をくださったみなさん。普段から応援してくださっている方々に篤く御礼申し上げます。ありがとうございました。

鹿又芳典

ゴルフスイング物理学

定価／本体980円＋税

ツアープロ、
ゴルフ指導者、
メディアから
問い合わせ殺到！

ゴルフ・ボディ・フィッティング

定価／本体1500円＋税

解剖学に則った
ゴルフのための
正しい
カラダづくりを
初公開！

ゴルフ絶対上達！
ワッグルゴルフブックシリーズ

Waggle GOLF BOOK

絶賛発売中！

実業之日本社
定価／本体980円＋税

YouTubeチャンネルでも人気上昇中！

科学が解明したゴルフ新常識

ザ・リアル・スイング

ザ・リアル・スイング
最適スイング習得編

奥嶋誠昭＝著

ショートゲームはロジックです！

ロジカル・アプローチ

ロジカル・パッティング

吉田洋一郎＝著

著　者　**鹿又芳典**（かのまた・よしのり）

クラブフィッター
カウンセリングを主体にしたクラブ診断が、初級者からトップアマ、プロにも大きな信頼を得ている敏腕クラブフィッター。レギュラー出演する『ギア猿』（ゴルフネットワーク）ほかゴルフ専門誌などメディアに引っ張りダコで、“ゴルフギアのご意見番”として活躍している。年間のクラブ試打本数は2000本以上。卓越したギア知識に加え、スイング理論にも精通しており、プロゴルファーのカウンセリングも行う。千葉県にあるゴルフショップマジック（ジャパンゴルフ内）の代表を務める。1968年、東京都生まれ。

ワッグルゴルフブック

誰《だれ》でもスコアアップできる！
クラブ選《えら》び＆セッティング術《じゅつ》

2021年3月23日　初版第1刷発行

著　者……………鹿又芳典
発行者……………岩野裕一
発行所……………株式会社実業之日本社
〒107-0062 東京都港区南青山5-4-30
CoSTUME NATIONAL Aoyama Complex 2F
電話（編集）03-6809-0452
（販売）03-6809-0495
ホームページ………https://www.j-n.co.jp/
印刷・製本…………大日本印刷株式会社

ISBN978-4-408-33966-5（スポーツ）